L'ÉDIFICE SOCIAL,

RÉFORME ÉLECTORALE,

OU

DE L'INFLUENCE DE LA PROPRIÉTÉ TERRITORIALE,
INDUSTRIELLE OU COMMERCIALE;

DÉDIÉ

AU ROI,

A LA CHAMBRE DES PAIRS, A LA CHAMBRE DES DÉPUTÉS, AU PEUPLE;

PAR HIPPOLYTE ALIBERT,

AVOCAT A LA COUR ROYALE DE PARIS.

Prix : 3 fr. 50 cent.

PARIS,

CHATET, SUCCESSEUR DE PÉLICIER, ÉDITEUR,
BOULEVARD MONTMARTRE, 8;
ET CHEZ LES LIBRAIRES DU PALAIS-ROYAL.

1840.

L'ÉDIFICE SOCIAL.

L'ÉDIFICE SOCIAL,

RÉFORME ÉLECTORALE,

OU

DE L'INFLUENCE DE LA PROPRIÉTÉ TERRITORIALE, INDUSTRIELLE OU COMMERCIALE;

DÉDIÉ

AU ROI,

A LA CHAMBRE DES PAIRS, A LA CHAMBRE DES DÉPUTÉS, AU PEUPLE;

PAR HIPPOLYTE ALIBERT,

AVOCAT A LA COUR ROYALE DE PARIS.

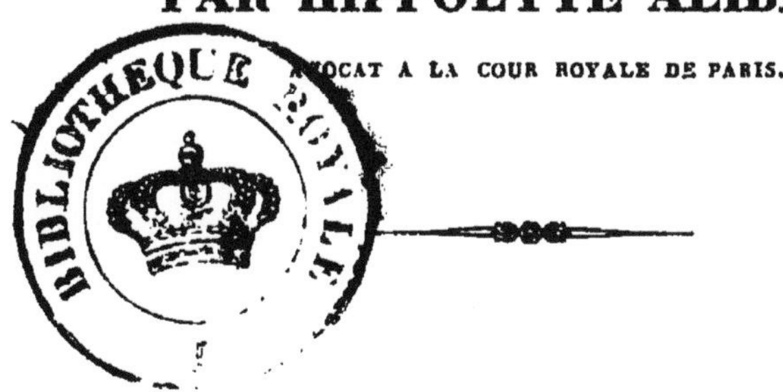

PARIS,

CHATET, SUCCESSEUR DE PÉLICIER, ÉDITEUR,

BOULEVARD MONTMARTRE, 8;

ET CHEZ LES LIBRAIRES DU PALAIS-ROYAL.

1839.

INVOCATION.

Dieu! puissant parce que tu es vrai, juste et bon, nous t'invoquons; nous allons parler à nos frères de vérité, de justice, de vertu; dans un jour d'aveuglement et d'oubli, ils ont écrit une charte dans laquelle ils n'ont pas prononcé ton nom; les téméraires! les imprudens! ils périront; le roi seul a juré par toi, qu'il soit sauvé; mais eux ils périront; ils périront avec leur charte, s'ils ne se ressouviennent de toi du sein de leur silence impie; ils périront; car la vie est dans la vérité, dans la justice et dans la vertu; et sans toi la vérité, la justice et la vertu n'existent pas ou sont impuissantes : voilà pourquoi nous avons voulu que ton nom fût le premier mot de notre ouvrage; nous t'invoquons!!!

L'ÉDIFICE SOCIAL.

CHAPITRE PREMIER.

INTRODUCTION.

L'homme naît ; il a des besoins, il a des droits.

Il est en rapport avec ses semblables, il a des devoirs.

La détermination exacte de ses droits et de ses devoirs, c'est sa liberté. Pour que cette détermination fût exacte, il faudrait qu'elle émanât de l'être tout intelligent, tout juste, et tout bon; or Dieu ne dicte plus les tables de la loi sur le mont Sinaï ; il faut donc nécessairement recourir à la raison humaine naturellement bornée et obscurcie par les sens dont elle est enveloppée ; ce qui fait que cette détermination n'atteindra jamais son plus haut degré d'exactitude, c'est-à-dire que la liberté ne sera jamais parfaite.

Autrefois les législateurs des peuples furent Minos, Lycurgue, Solon, Confucius, Zoroastre,

Moïse, Numa, Servius Tullius, Mahomet; les uns n'invoquèrent qu'indirectement l'autorité de la raison divine, les autres voulurent en imprimer directement le sceau à leurs institutions, afin de les rendre encore plus durables.

Dans le siècle où nous vivons, notre législateur fut Louis XVIII; sa charte avait été consacrée par le temps et par la victoire; pourquoi l'a-t-on modifiée, tronquée? Le temps écoulé et le sang versé depuis cette époque ont commencé, l'avenir et les nouvelles effusions de sang achèveront peut-être la terrible réponse; en attendant, disons-le bien haut et bien fort : à quelque degré de fureur et d'aveuglement que puisse parvenir l'esprit de parti, il ne fera jamais que la pensée dominante de l'événement de juillet ne soit la défense et la conservation de la charte de Louis XVIII. Quel malheur, presqu'irréparable, qu'on ne se soit pas à cette époque strictement renfermé dans cette pensée! tout eût été sauvé pour le présent, et rien n'eût été perdu pour l'avenir; l'orgueil! le fol orgueil! c'est l'ennemi le plus dangereux des peuples et des familles.

Le principe posé et mis en action par la loi de Louis XVIII, c'était l'influence de la propriété territoriale, industrielle ou commerciale; c'est ce principe déjà méconnu et altéré aujourd'hui que nous venons défendre de toutes nos forces.

Nous avons dit que la liberté était la détermination exacte des droits et des devoirs de l'homme ; que dans l'impossibilité de recourir à Dieu pour que cette détermination fût parfaitement exacte, il fallait nécessairement s'adresser à la raison humaine : maintenant quels devront être les interprètes de cette raison humaine, afin que cette détermination atteigne toute son exactitude humainement possible? il est incontestable que ce devra être ceux qui auront en leur faveur les présomptions les plus fortes et des présomptions assez fortes de bonne foi, d'indépendance et d'esprits éclairés.

De bonne foi, parce que sans elle la raison s'égare.

D'indépendance, parce que sans elle la raison se tait.

D'esprits éclairés, parce que l'ignorance est le néant de la raison.

Retranchez un de ces élémens, la raison n'est plus intègre. Il existe donc trois conditions essentielles, inséparables pour qu'une manifestation soit réputée appartenir à la raison et concourir légitimement et efficacement à la détermination des droits et des devoirs de l'homme, constitutive de sa liberté.

Bonne foi,

Indépendance,

Lumières.

Chacune de ces trois choses va devenir l'objet d'un chapitre particulier.

CHAPITRE II.

DE LA BONNE FOI.

La bonne foi en cette matière, c'est l'état d'esprit d'un individu qui, faisant abnégation de lui-même, n'a d'autre but que la justice, c'est-à-dire la réalisation de ce principe éternel qui donne à chacun ce qui lui appartient, savoir : le fruit de son travail, application légitime de ses facultés aux choses du monde physique ou moral.

Celui qui cherche la loi, et non pas celui qui fait la loi, car les Romains la comprenaient parfaitement quand ils dirent, *legislator* et non pas *legisfactor ;* cette dernière expression n'eût pas été rationnelle ; personne ne peut et ne doit faire la loi, elle existe par elle-même ; c'est la nature des choses, la raison ; il ne s'agit que de la chercher, de la trouver et de la proclamer (1).

(1) Confucius, Cicéron, d'Aguesseau, Montesquieu, etc. Les démagogues disent tous *faire la loi*, comme M. Michel de Bourges dans les brillantes vociférations qu'il faisait entendre naguère aux électeurs du cinquième arrondissement. *Faire la loi!* quelle affreuse impiété! et quel hideux matérialisme! Le despotisme peut-il se trahir plus clairement? Ce même vociférateur excitait dernièrement au pillage, ceux qui n'ont malheureusement que le

Celui donc qui cherche la loi ne pouvant pas lire directement dans la conscience des individus à l'égard desquels il dispose, se trouve dans l'impossibilité de connaître l'état d'esprit de chacun, partant, s'ils sont de bonne foi, s'ils ne veulent que la justice; d'où il suit que le législateur n'a pour point de départ que le type abstrait de l'homme tiré de l'étude de lui-même et des autres. Or, ce point de départ, c'est en général le flambeau de la raison vacillant plus ou moins au choc des passions qui se heurtent dans le cœur de chacun de nous; c'est l'homme vainqueur aujourd'hui et qui demain succombe; c'est l'homme bon et mauvais, et au fond du tableau, dans l'ombre, beaucoup d'entr'eux plus mauvais que bons. Voilà le point de départ du législateur, à défaut de cette intuition immédiate qui lui ferait connaître les bons, nous nous trompons, qui lui ferait connaître les meilleurs; car il est incontestable en thèse générale, que l'homme est à la fois bon et mauvais.

Dans cet état de choses, quel sentiment devra animer l'homme qui cherche la loi, c'est-à-dire le lien social, la garantie sociale? Ce devra être évidemment la méfiance de l'homme considéré en lui-même, dans sa nature, indépendam-

fruit de leur travail pour vivre ; non pas directement ni volontairement, mais implicitement et nécessairement; et le gouvernement de notre société s'abdique au point de laisser se produire au grand jour de pareilles monstruosités!

ment des positions qu'il peut se créer par le libre exercice de ses facultés (1); ceci est d'autant plus vrai, d'autant plus manifeste, que la loi, la loi elle-même n'a pas d'autre motif d'organisation pratique, que cette méfiance que l'homme a de lui-même, c'est-à-dire de ses passions; car ce n'est que ce sentiment qui a fait naître en lui le besoin de reconnaître l'empire de cette puissance générale et coërcitive qui le défend contre ses propres misères, et qu'on appelle loi. En effet, si l'homme abandonné à sa propre impulsion, ne s'était pas redouté lui-même dans ses semblables et ses semblables dans lui, s'il n'avait pas craint d'être entraîné en dehors ou de rester en deçà de la limite de ses droits et de ses devoirs; né fier et roi des choses de la terre, il n'aurait point accepté le joug de la loi positive, dont le but essentiel est de l'y retenir.

Ainsi donc, la méfiance de l'homme de lui-même, ayant déterminé l'organisation pratique de la loi, celui qui exerce la haute mission de la chercher et de la proclamer, afin qu'elle atteigne le but et produise les effets qui lui sont propres, doit s'identifier autant que possible avec la cause déterminante de son institution, c'est-à-dire se méfier de l'homme considéré abstractivement, dans sa nature, indépendamment des positions qu'il peut se créer par le libre exercice de ses fa-

(1) Voir Puffendorf, liv. II, chap. I, § VII.

cultés; car le législateur ne peut voir l'homme que comme espèce, non comme individu; d'ailleurs chaque individu est à la fois bon et mauvais et un grand nombre d'entr'eux plus mauvais que bons; c'est donc un point parfaitement établi que celui qui cherche la loi doit être animé d'un sentiment de méfiance à l'égard de l'homme abstractivement envisagé.

Cela posé, qu'est-ce qui, chez l'homme, aux yeux du législateur, devra remplacer cette bonne foi que sa nature morale ne permet pas de supposer en lui, qui cependant est une des conditions essentielles afin qu'une manifestation soit réputée appartenir à la raison et concourir légitimement et efficacement à la détermination constitutive de la liberté? En d'autres termes, qu'est-ce qui rassurera le législateur contre sa méfiance légitime de l'homme considéré abstractivement?

Il est évident que ce devra être une garantie appropriée au but essentiel qu'il se propose; car à quoi bon instituer si ce n'est pour atteindre le but essentiel, primordial? or ce but, c'est d'assurer à chacun le fruit de son travail; le fruit du travail de chacun, c'est la propriété territoriale, industrielle ou commerciale; la propriété!..... ce mot renferme toute la vie humaine: agriculture, industrie, commerce, population, perfectionnement intellectuel et moral, en trois mots: famille, société, civilisation.

L'AGRICULTURE.

L'homme errait sur la terre; abandonnée à ses ses seules forces végétales, elle n'était couverte que de forêts et d'herbages; enveloppée d'exhalaisons marécageuses, elle n'offrait pas un séjour bien salutaire; l'homme la parcourait, vivant, comme les bêtes fauves qui lui en disputaient l'empire, des fruits spontanés qu'elle produisait (1); il ne laissait après lui dans ces plaines sauvages, que la trace de ses pas confondue avec le sang versé pour la défense de sa vie à chaque instant menacée, soit par les animaux carnassiers, soit par ses semblables; il s'endormait avec la crainte et s'éveillait avec la terreur; quel vide immense dans le cœur de l'homme! il ne connaissait pas encore le charme qui s'attache aux lieux qui nous ont vus naître; la femme qui depuis est devenue sa compagne, n'était alors qu'une proie qu'il

(1) C'est la version de Diodore de Sicile sur l'état de l'homme avant l'introduction de l'agriculture; les poètes la reproduisent tout en rapportant aux dieux l'invention des choses les plus utiles à la vie; il est vrai que nous lisons dans la Genèse même que Dieu fit des habits de peau à Adam et à sa femme; quelque critiquée que soit cette version par certains auteurs, nous pensons qu'elle n'est en aucune manière dénuée de vraisemblance, si l'on se borne à considérer l'homme indépendamment de toute intervention divine.

Diodore de Sicile, lib. I, cap. VIII; Horat., sat. III; Lucrèce, lib. V; Genèse, chap. III, verset 21.

lui fallait conquérir et conserver au péril de ses jours; l'inconstance de ses désirs ou la violence d'un ravisseur en ajoutant à l'obscurité naturelle qui environne la paternité et la filiation, le privait presqu'entièrement de cette source abondante et pure de joie et de consolation.

Un jour, ayant ouvert le sein de la terre, il y déposa le grain; l'abondance de la moisson éveillant l'attention de tous, il fallut bien reconnaitre qu'elle appartenait à celui qui avait semé; d'autant plus que chacun puisait dans cet exemple et dans la garantie donnée à celui-là l'espérance d'un semblable succès. Le nombre des semeurs s'agrandit. Le droit qu'on avait sur les fruits s'imprima sur la partie du sol qui les produisait, soit que les soins continuels dont elle était l'objet l'eussent rendue plus mouvante, soit qu'elle fût détrempée par les sueurs de chaque jour. Le temps qu'on a vu quelquefois prêter une autorité apparente même à des injustices, consacra sans peine un droit aussi légitime; mais hâtons-nous de dire que ceux qui font dériver la propriété d'un contrat originaire, tombent dans une erreur aussi grossière que celui qui dirait que les facultés de l'homme ne lui ont pas été données pour la satisfaction de ses besoins; c'est-à-dire que ce serait faire dépendre le droit d'exister qu'il tient de la nature, de la volonté humaine substantiellement indispensable pour constituer le contrat proprement dit; la propriété commence pour l'homme dès l'instant de l'entrée en exercice de ses facultés à quelque matière qu'il les applique, à moins qu'elle n'appartienne déjà à un autre en vertu du même titre; si nous parlons de l'intervention du temps, ce n'est pas, qu'on le remarque bien, comme ayant donné naissance au droit, mais comme lui ayant donné encore plus d'autorité si c'est possible; car du reste la propriété eût en naissant la fixité et la permanence d'un principe; d'un principe fécond!..... la terre se couvrit de laboureurs; on vit fleurir l'agriculture. L'homme aima les lieux fertilisés par ses labeurs; il y bâtit sa demeure et comme tout s'enchaîne dans son cœur, la stabilité de sa résidence entraînant celle de ses affections, le travail domptant d'ailleurs l'inquiétude de ses désirs, il connut véritablement les douceurs de la famille et fut heureux en mourant de laisser à la sienne le champ qu'il avait marqué de sa personnalité; c'est ici que le droit existe dans toute sa force et dans toute son indépendance métaphysiques; il survit à l'individu, parce que toute son individualité n'est pas descendue avec lui dans la tombe; qu'elle se continue dans les siens, tandis qu'elle a servi de véhicule puissant aux fatigues génératrices du droit; *vulgo* parce qu'un père travaillant surtout pour ses enfans, rien n'est plus naturel que de transmettre avec l'existence les choses qui la soutiennent et qui contribuent à l'embellir. Combien la négation d'une pareille doctrine serait choquante! (1) quoi donc! le fils serait chassé de l'héritage paternel; d'autant plus pauvre qu'il aurait vécu dans l'abondance, il irait suivant les temps ou redemander sa nourriture aux forêts, ou la chercher dans un travail mercenaire; quelle inhumanité et quelle barbarie! la nature a disposé autrement; elle se révèle surtout dans les rapports qu'elle a établis entre un père et ses enfans; or parmi ces rapports, la transmission des biens est peut-être celui qui du côté des ascendans excite les sentimens les plus vifs, et du côté des descendans les sentimens les plus jaloux; et puis d'ailleurs, quel est le droit qui oserait se poser en face de celui que les enfans fondent sur leur qualité naturelle? nous n'en voyons aucun. Il faut donc reconnaître que le droit du père appartient aux enfans même indépendamment de toute intervention de la loi positive qui n'a fait que le consacrer.

Disons-le : l'occupation par l'homme du sol pour la culture des terres, afin de fournir à ses besoins, est la source du droit de propriété; ce droit reconnu réagissant sur l'agriculture en produisit l'extension et le développement; enfin il passa de l'ascendant cultivateur à sa postérité, tant par le vœu de la nature que par l'absence de

(1) Cependant Montesquieu semble la méconnaître; tandis qu'elle est vigoureusement établie par Mirabeau et d'autres.

tout autre droit rival, capable d'entrer en lutte avec celui des descendans.

D'après ce dernier point de doctrine il est facile de prévoir que quand nous parlerons abstractivement de l'homme, lui et les siens faisant partie de son individualité, seront compris sous cette dénomination générique : la nature ayant lié le père à ses enfans, il serait monstrueux de vouloir l'en séparer.

L'INDUSTRIE.

Quand la culture des champs fut introduite, elle attira autour d'elle par l'abondance qu'elle répandait, ceux qui n'avaient pas encore pris leur part de terre ou qui n'en trouvaient plus à leur portée; la main qui façonna la charrue ne fut plus celle qui s'en servait; la maison du laboureur agrandie, ses vêtemens perfectionnés ne furent plus son ouvrage, et l'excédant de ses moissons alla nourrir la famille de celui qui lui rendait ces services; l'industrie naquit à la suite de la propriété, dont elle devint une nouvelle source et un nouveau mode; excitée par elle, chacun ayant la légitime ambition d'y parvenir, l'industrie enfanta les prodiges qui ont signalé la prospérité des nations.

LE COMMERCE.

La même terre n'est pas également propre à toutes les productions indistinctement. Certains lieux conviennent beaucoup aux troupeaux; ici la vigne donne sa liqueur la plus exquise; ailleurs la gerbe du froment est plus pesante; les métaux, si éminemment utiles aux progrès de l'humanité, soit qu'ils servent à composer le soc, soit à donner le signe représentatif de la propriété, les métaux ne se trouvent pas dans tous les pays; il est donc naturel que les diverses contrées échangent leurs différens produits pour ce qui excède leur consommation particulière; de là le commerce. Il existe avec la propriété; car il ne travaille que sur les produits de l'agriculture et de l'industrie, engendrées et vivifiées elles-mêmes par la propriété; nous disons engendrées, parce qu'il n'y a que l'espérance ou la certitude de recueillir pour soi qui puisse amener l'homme à courber volontairement son front sous le joug du travail. Il s'anime par elle, le désir ardent de la conquérir étant seul capable de vaincre les obstacles des élémens et de la distance, et de braver toutes les fatigues et tous les dangers. Comme l'industrie, le commerce constitue aussi un mode particulier de propriété.

LA POPULATION.

Nous trouvons dans Homère la description des premiers habitans de la Sicile, ne formant point de conseil, n'ayant aucune loi organisée; chacun régnait sur sa femme et sur ses enfans. Mais il nous apprend d'abord que leurs champs se couvraient d'orge, de froment et d'autres productions variées, sans le secours d'aucuns travaux; dans ces conditions, et tant que les fruits de la terre dépasseront de beaucoup les besoins des familles, nous comprenons jusqu'à un certain point l'existence et la durée d'un pareil état de choses; nous les comprenons encore pendant quelque temps, même dans les lieux qui eurent besoin d'être fécondés par l'activité humaine, tant que les produits de l'agriculture suffirent largement à la consommation de tous; mais lorsque cette abondance même eut multiplié les familles outre mesure, que l'industrie et le commerce eurent bâti des villes et compliqué les relations humaines, alors surgirent nécessairement les luttes d'intérêts, les fraudes, les violences, les rapines, tous les désordres; surtout si l'on considère que rien n'est plus propre au développement des vices que la multiplication et l'aglomération des hommes.

Voilà donc l'humanité à peine sortie des forêts, arrêtée un instant dans sa course vers le perfectionnement de sa nature (1); arrêtée à l'oc-

(1) Nous ne disons pas le perfectionnement indéfini, parce qu'il est certain que la matière trace autour de l'homme un cercle qu'il ne pourra jamais franchir par lui-même; de là cette mission sublime de Jésus-Christ, qui consiste à délivrer l'homme des liens de la chair pour l'élever à Dieu, c'est-à-dire à la perfection.

casion même de ce qui avait ouvert sa marche civilisatrice, c'est-à-dire à l'occasion de la propriété devenue pour plusieurs un objet de convoitise, au lieu de rester un objet d'émulation pour tous; menacée par plusieurs de servir de prix à la violence et d'aliment au vice, tandis qu'elle ne doit être que la récompense du travail et le moyen d'exercer toutes les vertus! Heureusement l'homme, qui connaissait déjà la société conjugale, l'art de cultiver la terre, les moyens de se défendre contre les injures de l'air; qui depuis inventa l'art de guérir ou de soulager les malades, et tout ce qui fait aujourd'hui sa gloire et son bonheur, l'homme trouva la société civile afin de se mettre à l'abri des maux qu'il peut se causer à lui-même (1). Nous n'avons pas précisément à nous occuper ici des bases et de la forme de cette organisation première; il nous suffit de constater que l'accroissement de la population par les bienfaits de l'agriculture, de l'industrie et du commerce, rendit nécessaire l'établissement du pouvoir social à l'occasion de la propriété, assise elle-même en dominatrice sur le triple fondement de l'agriculture, de l'industrie et du commerce. Mais que l'on ne croie pas que la société, pas plus que la propriété, soit née d'un contrat, c'est-à-dire du concours effectif, immédiat, persistant de toutes les volontés intéressés et participantes, substantiellement

(1) Voir Cicéron, *De Officiis*, lib. 2, cap. 5.

indispensable pour constituer un contrat proprement dit; la société repose sur la propriété; car elle n'a pas d'autre but essentiel que la protection de celle-ci, qui ne peut reposer elle-même sur un contrat, comme nous l'avons déjà exprimé, à moins de faire dépendre le droit de vivre, que l'homme tient de la nature, de la volonté humaine, seul élément constitutif d'un contrat proprement dit; ce qui n'est pas soutenable.

Voici comment les choses durent se passer: un certain nombre de familles se trouvèrent géographiquement aglomérées; une ou plusieurs d'entr'elles se distinguèrent par leur intelligence et leurs vertus, sources de la prospérité matérielle, quoi qu'on dise, aussi bien que du crédit et de la considération; naturellement elles devinrent les arbitres et les protectrices des autres; ce sont là précisément les patriarches de l'histoire sacrée et les héros de l'histoire profane. Leur autorité devenant tous les jours plus utile à mesure que l'accroissement de la population multipliait les intérêts et développait les passions, elle s'affermit graduellement dans leurs mains; de là les royautés et les oligarchies qui commencent l'histoire de tous les peuples, où jamais l'on ne rencontre pas même l'ombre d'un contrat proprement dit, chose du monde, nous le répétons, la plus anti-sociale; car elle subordonne la société, c'est-à-dire la propriété, c'est-à-dire le droit, c'est-à-dire la vie, au caprice, à la brutalité ou à la malfaisance de la volonté humaine; ce qui est aussi absurde et aussi impie que monstrueux. Lors donc que J.-J. Rousseau a dit «Contrat social»), il a proféré le mensonge le plus dangereux et le plus anti-social qui puisse sortir de la bouche d'un homme; et par suite nécessaire, les fondateurs ou continuateurs du Panthéon français, qui ont eu l'idée de faire sortir du tombeau du grand homme une main tenant un flambeau, afin d'indiquer qu'il éclaire encore le monde après sa mort, ont menti également; car la vérité est que ce flambeau brûle encore plus le monde qu'il ne l'éclaire. Ceci ressortira davantage quand nous déduirons les conséquences logiques de ce qu'on appelle *principe de la souveraineté du peuple.*

LE PERFECTIONNEMENT INTELLECTUEL ET MORAL.

Les besoins physiques sont les premiers besoins de l'homme; il est nécessaire, avant tout, qu'il alimente son corps et qu'il le protége contre les injures de l'air. Ce sont aussi les plus impérieux; car il ne saurait braver la faim ou l'intempérie des saisons sans encourir la perte de l'existence à travers les plus vives douleurs.

Si donc l'homme ou plutôt chaque homme était resté perpétuellement sous l'aiguillon des besoins de cette nature; s'il avait fallu que chacun appliquât sans cesse l'énergie de ses facultés à la poursuite de cette satisfaction unique; occupé sans relâche à la culture du sol, à préparer le vêtement, à opérer l'échange des différentes productions, véritable esclave éternellement attaché à la peine, il aurait négligé la plus belle partie de lui-même et n'aurait parcouru que la moitié de sa carrière. Cependant il fallait que les desseins de Dieu s'accomplissent; il faut que le fleuve roule ses ondes dans l'Océan; il faut que les mondes exécutent leurs révolutions dans l'espace; il fallait que l'humanité remplît le cercle de ses destinées. Le fleuve trouve et creuse la vallée qu'il doit parcourir; les mondes vont et tracent la courbe qu'ils doivent décrire; l'humanité aussi a cherché et reconnu les voies que les conditions de sa nature lui ordonnaient de suivre. C'est ainsi qu'auprès du berceau de chaque peuple nous trouvons la famille, le droit de propriété résultant de l'application légitime de nos facultés aux choses de la terre, et ensuite l'organisation de la société civile pour protéger ce droit contre les entreprises de la fraude ou de la violence. Quand ces choses furent régularisées, un nouveau champ s'ouvrit à l'inquiétude ambitieuse de l'humanité; moins nécessaire, mais plus beau; moins utile, mais plus brillant.

A Sparte, où, selon l'expression d'un auteur, la liberté des uns et l'esclavage des autres étaient excessifs, Lycurgue, par la force des armes, relâcha sans les briser les liens de la famille et le droit de propriété; aussi, non seulement les sciences ni les beaux-arts n'y fleurirent pas, mais ils n'y furent pas même cultivés; bien plus, il fallut les proscrire, car ils auraient ramené la propriété et la famille dans toute leur plénitude normale et légitime, ce qui ne tarda pas à arriver, du reste, par la force des choses; exemple remarquable dans l'intérêt de la vérité que nous voulons établir ici, savoir : que le perfectionnement intellectuel et moral dépend de la propriété.

L'activité, l'esprit d'ordre, l'intelligence de certains chefs de famille augmentèrent leur bien-être matériel; ils le transmirent à leurs descendans respectifs avec leurs vertus.

D'autres furent moins vigilans, moins sobres, plus mal inspirés; leur postérité renchérit encore sur leur incapacité ou sur leurs vices; naturellement leur patrimoine passa aux premiers. Voilà les riches, voici les pauvres.

Avant d'aller plus loin, admirons en passant un des immenses bienfaits de cette maxime souveraine qui attribue à chacun le produit de ses œuvres : c'est qu'à l'ombre de ce principe, les choses suivant leur marche naturelle, la matière dont la fécondation assure l'humanité contre les horreurs de la faim, finit toujours par arriver aux mains de l'habileté, de la sobriété et de la vigilance; de telle sorte que la masse des produits alimentaires destinés à la consommation atteint presque constamment son maximum de possibilité.

Remarquons en outre que l'inégalité qui en découle n'est pas autre que celle même que la nature met entre les hommes, ce qui la rend inévitable et légitime; car la légitimité d'une chose c'est qu'elle s'accomplisse suivant l'ordre immuable de la nature; voilà l'aristocratie véritablement normale et rationnelle qu'il est souverainement injuste d'attaquer et de vouloir détruire; c'est se révolter contre Dieu même!

Reprenons le développement de notre idée principale.

Nous avons vu commencer en même temps les riches et les pauvres; ceux qui avaient perdu leur patrimoine soit par impéritie, soit par toute autre cause, furent heureux de se vouer, moyennant un salaire, au service de ceux qui l'avaient conservé; cela se fit avec d'autant plus de facilité, que les soins personnels d'une partie de ces derniers ne pouvaient plus suffire à l'étendue de leur héritage, de leur industrie ou de leur commerce; plusieurs furent bientôt délivrés de tout soin matériel.

Satisfait du présent, sans inquiétude sur l'avenir, pour la première fois l'homme se trouva complétement en face de lui-même, de ses semblables; en présence de la nature physique domptée pour tout ce qui intéressait les premières nécessités de l'existence, mais non encore comprise, explorée dans ses lois, c'est-à-dire dans ses causes et ses effets. Quel moment solennel pour l'humanité! Elle médite sur elle-même, sur tout ce qui l'environne; elle s'interroge dans le calme du repos et du recueillement; encore un instant, et l'heure de la civilisation va sonner.

L'esprit de l'homme est fait pour connaître; son cœur pour former des vœux; penser, c'est chercher à connaître; sentir, c'est désirer; l'exercice combiné de ces deux facultés constitue toute la vie intellectuelle et morale. Les loisirs que certains s'étaient procurés par l'accroissement de leur patrimoine favorisèrent le penchant de l'esprit de l'homme à connaître, ainsi que les dispositions naturelles de son cœur.

Il éprouva le besoin d'entrer en relation d'idées et de sentimens avec ses semblables, et il inventa le langage parlé; il voulut conserver le produit de ses conceptions ou le communiquer au loin, et il composa le langage des signes: voici les lettres; quel pas immense! Le présent et l'avenir s'éclaireront du passé, et chaque siècle pourra fournir sa part au grand œuvre du perfectionnement humain.

La terreur inspirée par la foudre n'avait fait naître encore que le sentiment vague d'une puissance supérieure. Celui qui sortit d'une méditation plus libre et plus attentive eut plus de force et de précision. L'homme porta ses regards en arrière, et il recula d'effroi à la vue d'une succession de temps qui n'avait pas pu commencer; sa pensée se rejeta en avant, et la même impossibilité s'offrit à lui en sens inverse; il chercha des bornes à l'espace, et il n'en trouva pas. Qu'est-ce que le temps? qu'est-ce que l'espace? qui a fait tout ce qui existe dans le temps et dans l'espace? L'homme aperçut l'abîme de l'infini entre lui et les réponses; il tomba, et quand il revint de son évanouissement, il prononça le nom de Dieu (1)! pensée heureuse et bienfaisante ! laissez-la fructifier dans le cœur de l'homme comme une plante d'abondance, de progrès et de salut! L'affection conjugale, la tendresse paternelle, la piété filiale, le dévouement fraternel, l'amour du prochain, le culte de la patrie, s'animeront dans la pensée de cette intelligence suprême, qui étend sa providence sur toute la création; la justice y puisera toute la majesté de son caractère, et les misères humaines s'y reposeront au sein de l'espérance et de la pureté!!!

Le désir de connaître, secondé par l'absence des préoccupations de la vie matérielle, porta encore l'homme à étudier le mouvement des astres par la science des nombres et des distances; il s'en servit pour mesurer le temps insaisissable dans sa course, tandis qu'il l'avait calculé jusque-là d'une manière moins précise, par le retour successif de la moisson.

(1) Il n'est pas dans notre pensée de nier ici la révélation; nous voulons seulement constater que, par le sentiment de sa faiblesse et la seule logique de son esprit, l'homme arrive à l'idée de Dieu indépendamment de toute intervention directe de sa part.

La même disposition d'esprit, jointe à la même liberté de soins, lui permit aussi d'interroger les propriétés des corps, de rechercher les lois de l'ordre physique, qu'il appliqua soit à la guérison ou au soulagement des malades, soit à l'avancement et aux progrès de l'agriculture, de l'industrie, du commerce et de tous les arts.

Le goût se développa dans la recherche et la contemplation continues ou répétées du beau et du bien. Les accens et les couleurs de la poésie furent mieux appropriés aux sentimens et aux images qu'ils exprimaient ou qu'ils retraçaient. L'éloquence acquit toute sa puissance. La voix hnmaine exhala des sons plus purs, plus mélodieux et plus corrects. Les instrumens d'harmonie furent mieux assortis au but de leur invention; et la grâce, cette reine des cœurs et des beaux-arts, agrandit les limites de son empire dans les pas mesurés de la danse.

C'est aussi dans la tranquille possession de son bonheur et des momens de son existence, avec le secours des découvertes antérieures, qu'il reproduisit les traits de la personne aimée, l'aspect des lieux qu'il affectionnait ou qui flattaient à la fois sa vue et sa pensée, les événemens de la patrie et de l'humanité; et qu'il donna une forme symbolique aux attributs de la divinité; la toile et le marbre s'animèrent; l'art décora la maison de Dieu et celle de homme.

Quand ces choses furent conquises, la pensée humaine se replia sur elle-même et fouillant dans l'intimité de la conscience, y chercha les lois de l'entendement et de la volonté : de là, les règles de la logique et de la morale. Enfin, au bout de sa carrière, c'est-à-dire aux confins du fini et de l'infini, la pensée de l'homme rencontra Dieu, qu'elle avait déjà découvert au point de son départ par la spontanéité de ses inspirations !

Nous avons parcouru le cercle du perfectionnement intellectuel et moral. Il est évident que si la terre était restée dans un état de communauté négative, ce cercle n'aurait pas été rempli ; car l'agriculture ne serait pas née, ou ne se serait pas étendue ni développée, ce qui revient à peu près au même ; parce qu'il n'y a que l'assurance de recueillir pour soi qui puisse faire supporter les fatigues, le soleil, le froid et toutes les rigueurs du temps. La preuve en est dans le manœuvre qui n'aspire qu'à recevoir le prix de sa journée, sans s'inquiéter en aucune manière du bon résultat ou de l'insuccès du travail qu'il exécute. Qu'importe à lui, aux siens, pourvu qu'il obtienne le salaire promis, convenu? Telle est la logique de son organisation et du point de vue où il est placé ; il travaille pour lui, uniquement pour lui et pour les siens, qui sont une partie ou une suite de son individualité. Voilà l'homme ; il peut bien s'attendrir sur les malheurs de ses semblables, donner une portion de sa substance pour les soulager, et par-là étouffer le monstrueux individualisme, ou lui poser des bornes raisonnables et légitimes; mais son individualité est indestructible et illimitable dans sa force et dans sa durée; elle naît avec lui et ne meurt qu'avec lui, si ce n'est qu'elle préexiste et se continue dans les siens. Il n'y a que la confusion impardonnable de choses aussi distinctes, l'individualité et l'individualisme, qui ait pu produire les erreurs ridicules où certains esprits sont tombés de nos jours; nous voulons dire les Saint-Simoniens : ils niaient la propriété, sous le prétexte qu'elle portait l'homme à travailler exclusivement pour lui et pour les siens; mais ce n'est pas la propriété qui produit cet effet, c'est la nature de l'homme; dites-lui que la moisson qui naîtra dans le champ qu'il laboure sera partagée entre tous, que sa part ne dépassera pas celle des autres ou n'ira pas au-delà de ses besoins, quelle que soit l'énergie de ses efforts; que le salaire qu'on lui promet sera l'objet d'une semblable distribution ; au même instant, s'il n'abandonne pas complétement l'œuvre commencée, il ne l'accomplira plus qu'avec dégoût et mollesse; que si, pour l'encourager, vous lu dites que sa portion sera proportionnée à ses efforts, voilà précisément la propriété qui recommence et avec elle l'attrait et l'intrépidité; nous disons que la propriété recommence, parce que la part du travailleur dépendant uniquement de l'importance de ses labeurs, et non plus de la quantité de ses besoins ou du nombre des partageans, cette part dépassera celle de ceux qui travaillent moins, et ce qui excédera ses besoins deviendra un patrimoine personnel qui s'augmentera successivement; ainsi donc c'est la nature de l'homme qui le porte à travailler principalement pour lui et pour les siens; si l'on veut extirper en lui cette disposition d'esprit et de cœur, qu'on change sa nature; or cela n'appartiendrait qu'à Dieu; mais qu'on respecte la propriété, c'est-à-dire la vie de l'homme, son perfectionnement matériel, intellectuel et moral, et complétement étrangère à cette tendance qu'il faut régulariser par la justice et non extirper, d'autant plus que c'est impossible à l'homme.

Nous avons dit que l'agriculture n'aurait pas existé si la terre était demeurée commune à tous et la propriété d'aucun: nous nous sommes fondé sur la disposition naturelle de l'homme qui le porte à travailler uniquement pour lui et pour les siens; mais ce n'est pas tout.

Supposons la co-existence de cette communauté négative avec l'agriculture. Comment se fera la distribution égale des fruits de la terre dans toute son étendue? Par une direction centrale et unique? Elle est physiquement impossible; la grandeur proportionnelle du globe avec la puissance de l'homme s'y oppose. Alors, nécessairement, par plusieurs directions disséminées sur la surface du globe? Mais voici l'inégalité dans la distribution qu'on prétendait éviter, qui revient de force par le plus ou moins de fertilité des diverses parties de la terre, et par le plus ou moins de population que renfermerait le cercle des différentes directions.

La communauté des biens n'aurait donc eu d'autre effet que de rendre le progrès de l'humanité impossible, en étouffant l'agriculture dans sa naissance et par suite l'industrie, le commerce, l'accroissement de la population et enfin le perfectionnement intellectuel et moral que l'homme n'aurait jamais pu soupçonner, s'il était resté perpétuellement sous le joug impérieux et primordial des besoins physiques; en trois mots, la communauté négative aurait empêché la famille, la société, la civilisation!

Nous avions donc raison de nous écrier que la propriété portait en elle toute la vie de l'homme!

Maintenant revenons à notre idée première et dominante.

La garantie qui devra remplacer, aux yeux du législateur, la bonne foi, condition essentielle, afin qu'une manifestation soit réputée appartenir à la raison et concourir légitimement à la détermination constitutive de la liberté, sera donc la propriété territoriale, industrielle ou commerciale, parce que ces trois modes de propriété sont le fruit du travail, et que le but essentiel de la loi sociale est d'assurer à chacun le fruit de son travail ; partant, cette garantie est appropriée au but essentiel que le législateur se propose par ses institutions. Nier cette conséquence, c'est nier que le but essentiel de la loi soit d'assurer à chacun le fruit de son travail ; or, pour peu qu'on réfléchisse avec indépendance, dans cette simplicité de cœur qui ne laisse d'autre empire sur notre esprit que celui de la vérité, on verra clairement que la loi civile n'a pas d'autre but essentiel que celui-là : si elle va plus loin, c'est par occasion, autant à titre de bienfait qu'à titre de droit et de devoir, ou, dans beaucoup de cas, uniquement à titre de bienfait.

Etablissons ces différens points de raisonnement.

L'homme exista d'abord dans l'état de nature, sans loi positive, sous la seule direction de son instinct moral ; ses besoins firent naître ses inventions : la faim trouva l'agriculture : le froid fabriqua le vêtement ; la différence des productions de la terre, jointe à la nécessité de les répartir, amena le commerce ; la maladie conçut la médecine ; de même les luttes d'intérêts, les fraudes, les rapines, les violences, produites tant par l'accroissement de la population que par la prospérité inégale des familles, commandèrent l'organisation de la loi sociale, conservatrice du droit de tous. Indépendamment de cela, l'amour, la jalousie, la vengeance des injures et les autres passions analogues, pouvaient bien produire des désordres aussi répréhensibles aux yeux de la loi naturelle que ceux qui portent atteinte à la substance ou à la vie de l'homme à l'occasion de cette substance; mais comme ces passions sont purement accidentelles, qu'elles se concentrent le plus souvent sur une seule personne; que, d'ailleurs, le temps ou d'autres causes les apaisent, elles n'auraient jamais amené l'homme à courber la tête sous une puissance nécessairement restrictive de son indépendance naturelle; parce qu'elles ne compromettent que momentanément et accidentellement le repos et l'existence des familles (1); tandis que la cupidité, passion féroce et permanente, menaçant partout, sans cesse et tout le monde, que le temps et la satisfaction irritent et ne calment point, a seule rendu nécessaire une semblable institution; car, sans elle, la destruction entière des familles pouvait s'ensuivre. Si donc la loi réprime les désordres issus de l'amour et des autres passions analogues, ce n'est que par occasion, pour

(1) « On ne peut pas conclure des combats de certains animaux pour la possession des femelles, que la même chose arriverait à l'homme dans l'état de nature; et quand même on pourrait tirer cette conclusion, comme ces dissensions ne détruisent pas les autres espèces, on doit penser au moins qu'elles ne seraient pas plus funestes à la nôtre. » Nous empruntons cette vérité à J.-J. Rousseau, tout en combattant ses erreurs incendiaires.

rendre sa mission plus complète, autant à titre de bienfait qu'à titre de droit et de devoir (1) ; au demeurant, le but dominant, générateur, important, essentiel de la loi, est la protection du droit acquis par le travail sur les choses du monde physique ou moral ; c'est-à-dire que les mots de loi et de protection du travail, de société et de propriété, se confondent dans un rapport de synonymie presque complet.

Si la loi va au-devant de ceux qui sont hors d'état de pourvoir à leur subsistance, soit pour cause d'enfance, de caducité, de maladie, ou pour toute autre cause, il est incontestable qu'elle n'agit uniquement qu'à titre de bienfait ; qu'elle sort de sa mission essentielle pour empiéter sur le domaine de la bienfaisance des particuliers; et ce qui le démontre de la manière la plus manifeste, c'est qu'en s'appliquant ainsi à des individus déterminés pour leur avantage personnel, elle perd un de ses caractères les plus essentiels, la généralité, envisagée sous le double rapport des personnes et des intérêts; c'est la

(1) Il faut remarquer que ce n'est que fort tard que les désordres occasionés par ces passions ont été érigés en crimes publics sous notre monarchie ; ils ne donnaient d'abord lieu qu'à une réparation privée. La Vendetta des Corses est une chose exceptionnelle qui, loin de détruire notre argumentation, la confirme, car il faut toujours raisonner et conclure d'après la nature générale des choses.

société qui prend la place de l'humanité (1) dont elle accuse la tiédeur; comme une mère qui arrache son enfant malade des mains de sa nourrice pour lui prodiguer des soins plus prompts et plus efficaces. A Dieu ne plaise que nous blâmions cette interversion de rôle; elle n'a rien de fâcheux pour la société, et l'humanité y trouve son profit. Nous voulons seulement constater ici que lorsque la loi donne directement une portion de la substance de tous pour le soulagement des misères particulières, elle va au-delà de sa mission essentielle et n'agit qu'à titre de bienfait.

Veut-on que la loi aille au-devant des individus qui sont encore sous l'empire des besoins physiques, de telle sorte qu'ils n'ont pas les loisirs nécessaires pour prendre part au perfectionnement intellectuel et moral, afin de les conduire elle-même dans cette seconde vie de l'homme? nous rencontrons ici les mêmes raisons de décider que dans le cas précédent et par conséquent la même solution, c'est-à-dire que la loi prend un rôle qui ne lui appartient pas essentiellement; en effet, la loi empiète sur le terrain de la libre concurrence qui doit exister entre les hommes dans la poursuite du perfectionnement intellectuel et moral; elle perd aussi son caractère le plus es-

(1) La société, c'est la loi existant dans la nature manifestée et décrétée par l'homme. L'humanité, c'est l'homme existant simplement dans la nature.

sentiel, le plus distinctif, la généralité tant sous le rapport des personnes que sous celui des intérêts, puisqu'elle ne s'applique non plus qu'à des individus déterminés pour leur avantage particulier; c'est la société qui veut aider à marcher l'humanité qu'elle trouve trop lente; comme une mère encore qui s'empresse auprès de son enfant au berceau, afin de le faire marcher plus vit. La loi s'écarte donc ici comme dans le cas précédent de sa mission essentielle, les raisons de décider sont identiques; mais nous sommes bien loin d'apercevoir les mêmes raisons de retenir le blâme que devrait exciter une pareille intervention législative, si elle ne mettait aucune limite à la carrière qu'elle ferait parcourir. D'abord il y aurait trouble chez les individus qui en seraient l'objet, et en second lieu, par suite nécessaire, trouble aussi dans la société.

Que deviendrait le plus grand nombre de ces malheureux, initiés à toutes les joies intellectuelles et morales; comprenant toutes les délices du commerce de l'esprit et du cœur; en possession de toutes les délicatesses du goût et de la grâce, et voguant au milieu d'une atmosphère enivrante pour ceux qui s'y trouvent avec les ressources de la fortune et les avantages du bien-être matériel; mais lourde, amère, accablante pour ceux qui sont encore sous le joug despotique des premières nécessités de l'existence? pauvres victimes! nous ne connaissons rien de plus profondément cruel que cette position d'une âme qui voit, et qui ne peut pas regarder pour connaître; qui sent, et qui ne peut pas posséder pour jouir. Ce serait pourtant celle de ceux qu'on jetterait ainsi dans le monde intellectuel et moral, sans le cortége indispensable de la fortune et du bien-être matériel.

Et la société, que ferait-elle de ces esprits inquiets, de ces cœurs embrasés par la convoitise? abandonnés par elle, ils la déchireraient dans les convulsions de leur soif ardente des biens de la terre transformée en délire; secourus par elle, ils seraient flétris et non rassasiés par l'aumône jetée à leur misère; et le travail, cette source de la prospérité et de la grandeur des peuples et des familles, serait méprisé parce qu'il ne serait plus le seul chemin d'arriver à la satisfaction des besoins physiques, qui ouvre les voies de la vie intellectuelle et morale. Voilà quelles seraient les conséquences de l'intervention législative qui irait au-devant des individus destitués des premières nécessités de l'existence, pour leur faire parcourir tout le cercle du perfectionnement intellectuel et moral. Il faut autant que possible laisser les choses suivre leur cours naturel; que chaque homme (1) ainsi que l'humanité prise

(1) Nous rappelons au lecteur pour qu'il ne se méprenne pas sur notre pensée, que quand nous parlons de l'homme en général, les siens, faisant partie de son individualité, et la continuant, sont renfermés dans cette expression.

dans son ensemble, gravisse lui-même l'échelle de la civilisation ; qu'il monte par lui-même à travers les pénibles sentiers du travail, parce que, arrivé au faîte, il s'y tiendra ; ou bien, au lieu de tomber, il descendra ; tandis que s'il est élevé par un autre, abandonné ensuite à ses seules forces, il tombe, et brisé dans sa chute, il écrase l'auteur imprudent de son ascension factice, précaire et prématurée.

Cependant la vérité que nous venons de développer est bien loin d'être tellement absolue dans son application qu'il faille blâmer la loi qui met à la portée de tous les premiers élémens de la vie intellectuelle et morale ; il est certain que si la distribution qu'on peut en faire ne dépasse pas les exigences de la position sociale de ceux qui la reçoivent, elle ne fait aucun mal ; disons mieux, elle fait le plus grand bien ; toutefois, la détermination exacte de la mesure proportionnelle qui doit exister entre la position et l'éducation de chacun est dans la pratique une opération scabreuse ; nous posons en principe que dans la réalité la somme de la perturbation individuelle et sociale produite par une pareille intervention législative sera toujours égale à la somme de l'éducation excédant les exigences de la position sociale des individus qui en seront l'objet.

La loi qui encourage directement l'agriculture, l'industrie, le commerce en lui ouvrant de nouvelles voies, les lettres, les sciences, les beaux-arts; qui bâtit des temples, institue des prêtres pour célébrer la divinité et préconiser la morale, n'agit qu'à titre de bienfait, car elle dépasse dans tous ces cas le but essentiel de son institution, puisque toutes ces choses, pouvant exister à la rigueur indépendamment de la loi, ne sauraient être la raison nécessaire de son existence.

De ce que nous trouvons à la loi d'autres applications que celle d'assurer à chacun le fruit de son travail, il ne faut donc pas conclure que ce ne soit pas le but essentiel de son institution; car autant vaudrait dire que le but essentiel de l'agriculture n'est pas d'apaiser la faim de l'homme parce qu'on la fait servir occasionellement, et par extension, à décorer des jardins; que le but essentiel du vêtement n'est pas de préserver du froid parce qu'on le fait concourir occasionellement à la parure; que le but essentiel du commerce n'est pas d'effectuer l'échange des diverses productions de la terre parce qu'on l'emploierait occasionellement pour échanger ses pensées et ses émotions; que le but essentiel de la médecine n'est pas de combattre la maladie, parce qu'on l'applique occasionellement à trouver au corps un aliment plus agréable ou plus substantiel; on peut en dire autant de chaque invention capitale de l'homme; la nécessité invente et l'occasion donne à l'œuvre une application plus complète d'abord imprévue, mais qui ne change rien, n'ajoute rien à son caractère primitif et rationnel.

Il est donc bien vrai que le but essentiel de la loi civile est d'assurer à chacun le fruit de son travail, quoique occasionellement, et par extension, autant à titre de bienfait qu'à titre de droit et de devoir, elle réprime les désordres éclos de l'amour et des autres passions accidentelles, quoiqu'à titre de bienfait uniquement elle secoure les infortunes particulières, mette les premiers élémens de la vie intellectuelle et morale à la portée de tous, encourage les arts, le commerce, les sciences; élève des temples, institue des prêtres, parce que tout cela ne change rien, n'ajoute rien à la raison primordiale, génératrice, déterminante de la loi qui trouve des motifs suffisans d'organisation dans la nécessité impérieuse de réprimer les débordemens de la cupidité, compromettante, non pas seulement du repos et de la prospérité des familles, mais de leur existence radicale; car, abandonnée à elle-même dans toute la fureur de ses inspirations, elle dévore, elle ne produit pas, elle tue et ne donne la vie à rien, si ce n'est aux fruits incertains d'une débauche infâme qu'elle laisse en proie à toutes les angoisses de la faim et de la misère. Tel est le monstre qu'il faut comprimer sous peine de périr.

Nous pouvons donc dire hardiment que le but essentiel de la loi est d'assurer à chacun le fruit de son travail, c'est-à-dire la propriété territoriale, industrielle ou commerciale; ce qui rend indestructible la conséquence que nous avons tirée qu'elle est une garantie appropriée au but essentiel de la loi; et que par conséquent elle doit remplacer aux yeux du législateur la bonne foi, condition essentielle pour qu'une manifestation concoure légitimement et efficacement à la détermination constitutive de la liberté.

Maintenant quelle sera la valeur de cette garantie? ici du faîte de l'abstraction et des principes nous descendons dans le domaine de la réalité et des faits; il ne s'agit plus que d'une question d'appréciation, et la variété commence.

La loi de Louis XVIII portait cette valeur à celle représentée par 300 francs de contributions directes; cette loi était simple et rationnelle dans sa disposition; nous ne nous occupons pas encore du chiffre, nous n'examinons dans ce moment que la disposition en elle-même, dans son principe, c'est-à-dire celui de l'influence de la propriété régnant seul dans toute la légitimité de sa jalousie et de sa puissance. Aujourd'hui ce n'est plus tout-à-fait la même chose; une disposition de loi qu'on n'aurait pas dû séparer de la loi fondamentale qui doit surtout renfermer ce qui contient l'application d'un vrai principe social, si elle n'avait fait que continuer intact celui posé précédemment, se hâte de reconnaître d'abord le principe de l'influence de la propriété; mais, comme nous venons de le faire pressentir, elle le marie ensuite arbitrairement par une espèce d'adultère à certains faits qui peuvent bien pour un temps usurper la place des principes et en prendre la dénomination trompeuse, mais qui n'auront jamais le caractère de permanence et de fixité des lois invariables de la nature des choses qui constituent seules les principes proprement dits. Enfin, la nouvelle loi, dans une autre de ses parties, a complétement méconnu le principe de l'influence de la propriété.

Précisons ces observations.

La loi de 1831 fixe d'abord la valeur de la garantie sociale à celle représentée par 200 fr. de contributions directes purement et simplement; ensuite elle fait descendre la valeur de cette garantie à celle représentée par 100 fr. de mêmes contributions en faveur des membres et des correspondans de l'institut, et des officiers des armes de terre ou de mer jouissant d'une pension de retraite de 1200 francs au moins et justifiant d'un domicile réel de trois ans dans l'arrondissement électoral. Enfin, en vertu de la même loi, le fermier et le colon de domaine congéable, peuvent se prévaloir pour composer les 200 francs de contributions directes qui représentent la valeur de la garantie sociale, d'une partie des contributions payées par le propriétaire.

Dans le premier cas il y a mésalliance d'un principe immuable avec des faits transitoires; dans le second cas il y a méconnaissance complète du même principe.

Qu'est-ce qu'un membre ou un correspondant de l'institut, considéré isolément? c'est un homme lettré ayant pris les grades universitaires, et faisant partie d'une corporation savante. Nous trouvons bien dans de pareils titres et circonstances, une garantie excellente pour faire un écrivain ou un professeur de collége; mais nous n'y trouvons pas cette garantie sociale, ci-devant déterminée, qui doit remplacer aux yeux du législateur la bonne foi, condition essentielle afin qu'une manifestation concoure fructueusement à la détermination constitutive de la liberté; c'est-à-dire, nous n'y trouvons pas la propriété territoriale, industrielle ou commerciale, garantie appropriée au but essentiel de la loi, qui est d'assurer à chacun le fruit de son travail, garantie que rien ne peut remplacer, parce qu'elle est dans la nature des choses, c'est-à-dire ici dans la nature de la loi; tandis que la garantie présentée par la qualité de membre ou de correspondant de l'Institut, considérée isolément, n'est que dans la nature de la direction ou de la forme à donner aux idées, afin qu'elles entrent dans l'esprit des lecteurs ou des élèves.

Il en est de même de l'officier des armes de terre ou de mer, jouissant d'une pension de 1,200 francs au moins et justifiant d'un domicile réel de trois ans dans l'arrondissement électoral. C'est un homme vieilli dans le métier des armes, récompensé par l'état, et qui se repose longuement au même foyer qu'il a choisi. Nous trouvons bien aussi dans de pareils titres et circonstances une garantie excellente pour faire un guerrier, si jeunesse n'y manquait; mais nous n'y trouvons pas non plus que dans le cas précédent la garantie sociale, c'est-à-dire la propriété territoriale, industrielle ou commerciale, devant remplacer, au regard du législateur, la bonne foi, condition indispensable pour avoir la détermination constitutive de la liberté, garantie appropriée au but essentiel de la loi, qui est d'assurer à chacun le fruit de son travail, garantie que rien ne peut remplacer, parce qu'elle est dans la nature des choses, c'est-à-dire ici dans la nature de la loi; tandis que celle présentée par la qualité d'officier des armes de terre ou de mer, dont il s'agit, considérée isolément de toute autre circonstance que celles ci-dessus énoncées, n'est que dans la nature des exercices qu'il faut avoir faits, des épreuves qu'il faut avoir subies pour bien combattre, ainsi que dans la nature des récompenses qu'il faut recevoir et des loisirs qu'il faut espérer pour mieux combattre.

Le fermier et le colon de domaine congéable, en cette qualité n'ont aucune valeur territoriale, industrielle ou commerciale; ils ne paient pas de patente; cependant en cette qualité ils peuvent se prévaloir d'une partie des contributions diectes payées par les propriétaires pour composer les 200 francs de mêmes contributions représentant la valeur de la garantie sociale, quoique cette partie de contributions ne représente rien qui leur appartienne ; ce qui constitue véritablement une influence qui ne repose absolument sur rien de social : d'où la conséquence que le principe de la légitime influence de la propriété est ici complétement méconnu.

Nous disons que cette influence attribuée aux fermiers et aux colons du domaine congéable ne repose absolument sur rien de social, à moins qu'on ne prétende que la seule qualité d'homme soit quelque chose de civilement social, ce qui n'est pas ; car nous avons déjà vu que l'homme n'avait été porté vers l'état social qu'à l'occasion de la propriété et de l'accroissement de la population (1) ; et vraiment on ne saurait trop se pé-

(1) « Les hommes ne se sont portés à former des républiques, que pour être plus en état de conserver chacun le sien. Je sais bien que la nature les porte d'elle-même à s'unir et à vivre en société. Mais ce qui leur a fait bâtir des villes et qui les a obligés de s'y retirer, comme dans des asiles publics, c'est principalement l'espérance d'y jouir de leurs biens en sûreté. » Cicéron, *De Officiis*, lib. 2, cap. 21. J.-J. Rousseau énonce la même vérité quand il dit dans son discours sur l'inégalité des conditions : « Le premier qui, ayant enclos un terrain, s'avisa de dire : ceci est à moi, et trouva des gens assez simples pour le croire, fut le vrai fondateur de la société civile. » Quoiqu'il se plaise à méconnaître ici le vrai fondement de la propriété ; c'est-à-dire l'occupation du sol par le travail pour la culture des terres, qu'il reconnaît du reste ailleurs

nétrer de la différence qui existe entre la société des idées et des sentimens, conséquence de cette disposition naturelle de l'homme qui le porte à entrer en relation d'esprit et de cœur avec ses semblables, et la société civile, conséquence de la propriété fruit elle-même de l'application légitime des facultés aux choses du monde physique ou moral pour la satisfaction des besoins. C'est dans le premier cas seulement qu'il est vrai de dire que l'homme est naturellement social, parce que la société dont il s'agit consiste dans des choses que la nature seule met directement à la disposition de tout le monde; tandis que dans le second cas, l'homme n'est social que par les biens qu'il possède, parce que la société dont il est question consiste essentiellement dans ces mêmes biens qui ne sont ou ne doivent être qu'à la disposition de ceux qui les obtiennent par le travail sans préjudice de la faculté de recevoir par succession ou autrement. C'est la confusion de ces deux espèces de sociétés bien distinctes cependant, qui cause les folles erreurs du radicalisme. Un homme qui n'a rien, quelqu'éclairé, quelque vertueux qu'il soit, fût-il même garde national (1), est dans le néant socialement parlant; il ne commence à devenir citoyen que dès l'instant qu'il acquiert.

dans le même ouvrage, tout en persistant à qualifier la propriété d'usurpation.

(1) Les meneurs de la tourbe révolutionnaire et déma-

Nous disons donc que la loi de 1831 après avoir sagement reconnu le principe de l'influence de la propriété, l'ayant ensuite mésallié avec des faits qu'il repousse et puis complétement méconnu, contient des dispositions vicieuses, réprouvées par la raison, contraires à la nature des choses et conséquemment plus ou moins compromettantes de la société. Compromettantes de la société, sinon directement et effectivement, car les influences qu'elles mettent en action ne sont ni bien nombreuses ni exclusivement pernicieuses par elle-même, nous sommes loin de le penser; mais au moins compromettantes de la société indirectement et en exspectative par le prétexte que l'introduction de ces bases irrationnelles d'influence, fournit aux esprits de croire et de publier qu'il existe d'autres

gogique veulent que tout garde national soit électeur; ils osent s'appuyer sur l'autorité de la constituante, dont la loi d'élection enfanta l'horrible Convention; ils ne sauraient être plus heureux en fait de citations historiques, dont ils se montrent ordinairement si avares. Ils ne sont pas même contens des capacités de M. Odilon-Barrot: C'est du cœur et des entrailles qu'il nous faut, disent-ils; oui, le cœur et les entrailles de la France pour les donner à dévorer à la foule égarée; cette traduction assurément n'est pas dans la pensée de l'orateur qui a vociféré ces paroles; mais en fait elle en serait la conséquence inévitable. La foule! la foule!... qui toujours écoute celui qui la flatte, rarement celui qui l'instruit.

principes civilement sociaux que celui de l'influence de la propriété.

Voilà ce que nous conclurons plus tard avec plus de hardiesse, quand nous rechercherons ce que valent les lumières en matière *électorale*, quand elles ne sont pas accompagnées de la double garantie de bonne foi et d'indépendance.

Retournons à la question d'appréciation du montant de la garantie sociale ; nous avons reconnu qu'étant aussi dans le domaine des faits, elle pouvait varier ; mais, hâtons-nous de le dire, c'est un fait inévitable, commandé par la nécessité même des choses et qui contient l'application d'un vrai principe ; tandis que les cas que nous avons signalés ci-dessus ne sont que des faits, de purs faits décrétés par l'arbitraire, et qu'aucune puissance au monde ne pourrait élever à la hauteur métaphysique des principes existant par eux-mêmes, indépendamment de toute intervention humaine, dans la nature immuable des choses.

Rigoureusement le principe de l'influence de la propriété devrait s'appliquer dans la proportion exacte de la valeur territoriale, industrielle ou commerciale de chacun (1) ; voilà quelle se-

(1) Servius Tullius, par l'établissement du cens, ne fit pas autre chose ; il proportionna approximativement l'influence à la substance de chacun ; Tite-Live dit avec raison que ce fut la base de la longue prospérité des Romains.

rait la véritable logique de la loi et non pas le suffrage universel en ce sens que chacun aurait le même degré d'influence, comme le prétend M. Barrot, parlant au nom du comité de réforme électorale dont il est le président (1). Nous disons que l'attribution d'influence proportionnée à la substance de chacun serait la véritable logique de la loi; car la logique d'une chose, c'est apparemment qu'elle atteigne le but essentiel de son institution; or le but essentiel de l'institution de la loi, c'est d'assurer à chacun le fruit de son travail, la propriété; si donc lorsqu'il s'agit de veiller au maintien et à l'exécution de la loi, l'influence est proportionnée à la propriété de chacun; elle atteindra immanquablement le but essentiel qu'elle se propose; car le dévouement à la loi comme à toute autre chose dépendant naturellement et incontestablement de l'intérêt qu'on a dans l'existence et dans la mise en action de cette chose ou de la loi, plus on aura de propriété, plus on aura de zèle pour le règne de la loi essentiellement protectrice de la propriété.

(1) Voici le passage textuel du programme publié par M. Barrot, qui fait l'objet de notre critique : «L'élection indirecte ou à deux degrés emporte donc comme conséquence inévitable le suffrage universel, c'est-à-dire pleine satisfaction donnée à l'égalité des droits et à la logique de la loi, qui, commandant à tous, doit être autant que possible l'expression de la volonté de tous.»

Cette déduction nous paraît rigoureuse et sans réplique.

Que si l'on voit des riches fripons et par conséquent violateurs de la loi dans leurs relations privées, ces fripons mêmes lorsqu'ils échappent à son action répressive et réparatrice, n'en ont pas moins de zèle dans la proportion de ce qu'ils possèdent pour le maintien de cette puissance générale qui, dans l'impossibilité où elle est de tout connaître et de tout prévoir, prête quelquefois malheureusement son égide à des usurpations !

Faisons ressortir la première partie de notre raisonnement, par un exemple qui, au premier aspect, paraîtra peut-être le plus défavorable à notre système.

Supposons une société composée de deux citoyens : et pour rendre la supposition possible, admettons, par pure hypothèse, que la loi établie entr'eux, qui assure à chacun le sien, car c'est toute la loi, agisse virtuellement ou par un tiers commis dans toute sa sphère de répression et de réparation. Le premier a un de propriété, l'autre a mille ou plus, tant qu'on voudra : l'influence du premier est un, celle de l'autre est mille. Que craint-on? que celui qui a mille d'influence en abuse pour abolir la loi, ou pour l'altérer, ce qui équivaudrait à son abolition? mais à l'instant même au régime du droit succéderait le régime de la force, et il se trouverait en présence d'un adversaire qui ne risquerait dans la lutte qu'une vie misérable contre une vie meilleure ou opulente; désavantage aussi évident qu'immense, dont la seule appréhension, bien loin de le porter à détruire la loi, l'en rendra d'autant plus amoureux.

Déplaçons les choses en restant dans le même exemple : nos deux citoyens ont le même degré d'influence; ici nous craignons beaucoup pour l'existence de la loi, non pas comme principe, elle est inattaquable, mais comme fait. Nous craignons que le citoyen qui n'a qu'un de propriété, d'autant plus fatigué de sa misère qu'il voit l'opulence de l'autre, ne lui dise : « Je me » retire de la loi, rentrons dans l'indépendance » naturelle et primitive, elle me convient beau- » coup mieux, » et par ce simple acte de volonté brutale, la force régnerait de nouveau sans le droit entre ces deux citoyens qui ne seraient plus que deux hommes; tandis que dans notre système, celui-ci reste ainsi que l'autre enchaîné malgré lui à la loi protectrice du droit de chacun, et d'oppresseur ou d'opprimé qu'il aurait pu devenir, il demeure libre, car la vraie liberté c'est la soumission à la loi! Éclaircissons ce dernier point.

Toute la liberté morale de l'homme consiste dans la faculté absolue de choisir entre deux esclavages; celui de la raison et celui de l'erreur. Deux et deux font cinq, voilà l'erreur; soumettez-vous, subissez la chaîne de ce mensonge patent; vous serez jeté dans un dédale inextricable et sous l'empire du démon, asservissement pratique épouvantable. Deux et deux font quatre, voilà la raison; soumettez-vous, subissez la chaîne de cette vérité immuable; vous marcherez avec Dieu au sein de la lumière même, en jouissant, sous ce rapport, de la liberté pratique la plus pure. Or, en politique, il ne s'agit pas de la liberté morale de l'homme, mais bien de sa liberté pratique; donc la vraie liberté, c'est la soumission à la loi; car la loi, en matière politique comme en toute matière, c'est ou ce doit être la nature des choses, la raison!

M. Barrot ajoute : «que la loi commandant à tous doit être autant que possible l'expression de la volonté de tous.» Si ce n'est là qu'une simple considération, nous l'acceptons; mais si c'est la définition de la loi qu'on a prétendu nous donner, elle est vicieuse, incomplète et dangereuse.

La loi politique n'est pas seulement autant que possible l'expression de la volonté de tous; elle est avant tout et par dessus tout, l'expression du droit de tous. Voilà la loi. S'il en était autrement, si la volonté suffisait pour constituer la loi, on n'aurait plus besoin de délibérer, car la délibération en matière législative ne tend qu'à la recherche du droit, et il suffirait de recueillir les voix pour avoir la volonté constitutive de la loi; quel affreux matérialisme! si la volonté était nécessaire pour constituer la loi; le voleur, l'assassin, seraient parfaitement fondés à décliner la compétence de la loi qu'ils n'auraient pas consentie ou voulu consentir. Quelle doctrine épouvantable!

Disons le donc, M. Barrot, la volonté ne suffit pas pour constituer la loi; elle n'est pas non plus nécessaire, ce que vous reconnaissez du reste par cette restriction (la loi doit être autant que possible, etc.); mais il suffit, mais il faut pour constituer la loi, qu'elle soit autant que possible l'expression du droit de tous; et c'est précisément pour cela que tous ne peuvent pas concourir également à déterminer la loi, parce que tous ne sont pas capables au même degré ni en position de respecter, de défendre, de chercher par eux-mêmes, ou enfin de connaître le droit de tous constitutif de la loi. Tandis que si la volonté suffit seule ou est nécessaire pour engendrer la loi, comme il n'est personne, hormis les enfans et les aliénés, qui sont toujours hors de cause, qui ne puisse fournir cet élément matériel générateur de la loi; loin qu'il y ait l'ombre d'une raison pour refuser à aucun la capacité électorale et en retarder la collation, il est au contraire d'une logique invincible et implacable d'accorder à tous, à l'instant même, le même degré d'influence, ou l'égalité de droits, comme dit improprement M. Barrot, qui, dans sa vie déjà longue d'homme politique et de jurisconsulte, n'a pas encore eu le temps de remonter à la source du droit, afin d'éviter d'en corrompre le nom pour désigner une chose qui en diffère essentiellement ! Nous reviendrons plus tard sur cette idée. M. Barrot prétend donc que le suffrage universel avec le même degré d'influence est la logique de la loi, parce que la volonté est sinon indispensable, au moins suffisante pour constituer la loi. S'il en est ainsi, nous le répétons, pourquoi délibérer, pourquoi ne pas recueillir les voix sans discussion? pour avoir des volontés éclairées, dira-t-on; des volontés éclairées !..... il y a donc quelque chose en dehors et au dessus des volontés, qui doit les déterminer, les régir, les dominer; car s'il en était autrement, il faudrait les laisser se produire, sans choc intellectuel, sans controverse, brutalement; eh bien ! ce quelque chose, cette lumière que l'on cherche par la discussion, ou ce n'est rien, ou c'est une réalité; si ce n'est rien, il ne faut pas perdre de temps à délibérer, à le chercher; si c'est une réalité, ce ne peut être que le droit ou la raison, qui suivant la matière prend la dénomination de vrai, de juste ou de bon. Voilà ce qui domine et qui doit dominer les volontés.

Maintenant que devient ce grand mot de souveraineté nationale, dont on fait tant de bruit? Un mot vide de sens, qui ne dit absolument rien et qui fait beaucoup de mal : qui ne dit absolument rien, puisqu'il existe quelque chose au dessus de la volonté nationale, savoir : le droit ou la raison ; et qu'il n'y a de souverain que celui qui ne reconnaît rien au dessus de sa volonté.

Qui fait beaucoup de mal. Nous allons le démontrer.

La nation est souveraine ; voilà ce que vous dites. Aujourd'hui elle peut décider blanc et demain noir sur le même objet, avec la même légitimité. Voilà ce que vous devez admettre, sous peine de reconnaître une autre souveraineté que celle de la nation.

Voyez-vous quel fol orgueil une pareille pensée allume dans l'esprit du peuple qu'elle pénètre, et de chacun des individus qui le composent ? La vérité, la justice, la vertu, dépendront exclusivement, dans leur opinion, de leur seule volonté manifestée, décrétée quelle qu'elle soit. Le démon effacera l'homme.

La nation décrète que les rayons d'un cercle sont inégaux, et cela deviendra à l'instant une vérité incontestable, car la nation est souveraine.

La nation décrète que le fruit du travail appartient à celui qui n'a jamais travaillé, et la justice applaudira à cette décision ; le peuple n'est-il pas souverain ?

La nation décrète que le vol, l'assassinat, le viol sont des actions bonnes ou indifférentes en elles-mêmes ; il faudra bien que la vertu courbe la tête, car la nation, dites-vous, est souveraine; c'est-à-dire ne reconnaît rien, absolument rien, au dessus de sa volonté.

Nous n'exagérons pas; car on lit dans un opuscule de M. Cormenin, que la souveraineté appartient à la nation, *sans mesure et sans bornes;* aussi bien J.-J. Rousseau, un des principaux athlètes de ce néant de doctrine, en accepte tellement les conséquences, qu'il va jusqu'à dire : « S'il plaît à un peuple de se faire mal à lui-même, qui est-ce qui a le droit de l'en empêcher? » Nous répondons que tout le monde a ce droit, au nom du droit lui-même, qui domine les peuples ainsi que chaque homme pris individuellement; et s'il est vrai qu'un peuple ou un homme ait la puissance matérielle de se faire mal à lui-même, il n'en a pas le droit; car le droit, c'est la vie, en ce sens qu'elle est le partage assigné à l'homme par la nature; or attaquer la vie en se faisant mal, c'est abdiquer le partage en se révoltant contre la vie, sans droit, parce que le droit ne va pas, ne peut pas aller au-delà, ni au dessus de la vie, ni contre la vie; c'est l'abus du droit et de la vie, mais ce n'est ni le droit ni la vie. Celui donc qui volera au secours du peuple ou de l'homme qui attaque sa vie en se faisant mal à lui-même, quoiqu'il succombe dans ses efforts, n'aura pas moins agi au nom du droit et de la vie, comme s'il avait protégé le peuple ou l'homme contre l'agression d'un étranger ; disons mieux, il aura obéi à la voix sacrée du devoir. On n'a pas le droit d'empêcher un peuple de se faire mal à lui-même! Quelle monstrueuse aberration ! c'est là pourtant qu'on arrive, quelque grand génie que l'on soit, quand on part d'une donnée fausse et impie, qui fait dépendre la vie, la propriété d'un contrat; le droit, la société de la volonté humaine; on arrive à la légitimation du suicide politique et individuel.

Voilà les conséquences aussi rigoureuses qu'infernales déduites par les apôtres mêmes, de ce qu'on appelle follement le principe de la souveraineté du peuple; quel sacrilége! quel sacrilége!... Vous appelez *principe* la négation de tous les principes, c'est-à-dire la négation de la vérité, de la justice, de la vertu, que vous méconnaissez en les subordonnant à la volonté brutale et capricieuse de l'homme. Non, non; la souveraineté du peuple n'est pas un principe, par cela même que, prenant sa source dans la seule volonté humaine essentiellement mobile et passagère, elle en a la mobilité et l'instabilité, tandis qu'un principe, découlant de l'essence même des choses, participe de son immutabilité et de son éternité. La souveraineté du peuple n'est qu'un fait, produit monstrueux de votre orgueil et de votre oubli des principes de vérité, de justice et de vertu. Vous dites au peuple, insensés et présomptueux que vous êtes : « La loi, c'est la volonté. » Le despotisme n'a jamais tenu d'autre langage et ne peut pas en tenir d'autre; il a toujours dit et dira toujours : « La loi, c'est ma volonté. » C'est donc un vrai despote que vous voulez faire du peuple; or, vous devriez savoir mieux que personne, vous qui hurlez si souvent le mot de liberté, que le despotisme, quelque forme qu'il revête, dans quelque main qu'il réside, ne peut engendrer que la mort et la destruction; avec cette différence essentielle et positive, écrite en lettres de sang dans toutes les pages de l'histoire, que le despotime du peuple, qui, dès l'instant qu'il en est saisi, n'est plus qu'une multitude aveugle et forcenée, est encore plus mortel et plus destructeur, si c'est possible, que le despotisme d'un seul auquel aboutit toujours celui de la foule et du nombre. Mais nous oublions que vous méconnaissez l'autorité de l'histoire et de l'expérience, comme toutes les autres non moins imposantes et légitimes, pour ne puiser des points de raisonnement que dans votre volonté brutale, capricieuse ou perverse; conséquence évidente du point de vue où vous place votre orgueil qui vous fait croire au dessus des faiblesses et des égaremens ordinaires de l'humanité; de là ce dédain que vous affichez pour les leçons des temps passés, où, dites-vous, s'agitaient de simples hommes condamnés à l'erreur par les conditions de leur nature imparfaite et bornée, tandis que vous croyez être parvenus aujourd'hui à la hauteur de Dieu même que vous envahissez!! Misérables!! Vous ne savez donc pas que la véritable grandeur morale de l'homme réside principalement dans le sentiment profond de sa misère? Cependant permettez-nous de vous dire que si vous persistez à donner à votre souveraineté du peuple la dénomination sacrée de principe, comme ce n'est pas autre chose que le despotisme, il faut dire que c'est un principe de mort et de destruction; vous éviterez au moins un sacrilége par cette distinction invinciblement rationnelle! Vous éviterez aussi beaucoup de mal; car les yeux du peuple étant dessillés, il fuira devant les terribles effets de ce que vous appelez si aveuglément et si témérairement sa souveraineté.

Nous, nous disons au peuple : la loi en toute matière, c'est la vérité, c'est la justice, c'est la vertu; en matière politique ordinairement et spécialement, c'est la justice, ou l'expression du droit de tous.

Voyez-vous quelle humilité salutaire cette pensée excite dans l'esprit du peuple qu'elle pénètre et de chacun des individus qui le composent, au lieu de ce fol orgueil qui, les entraînant en dehors d'eux-mêmes et de leur nature bornée, les précipite vers le despotisme, c'est-à-dire vers la mort et la destruction? Le démon disparaît, l'homme reste; car la volonté seule n'est plus souveraine; la vérité, la justice, la vertu reprennent leur sceptre et remontent sur leur trône ; bien loin d'être dépendantes de l'homme ou du peuple, elles le gouvernent ; il les cherche ou les accepte de quelque autorité qu'elles émanent ; car le peuple tout entier n'est pas également capable ou en position de les chercher par lui-même ni par des représentans ; nous allons le démontrer incessamment quant au peuple français.

Une branche royale qui tombe, ce n'est plus exclusivement par la seule volonté du peuple, c'est principalement et avant tout parce qu'elle tentait traîtreusement et violemment de ramener le régime du bon plaisir, du privilége et des castes, essentiellement destructif de la justice ; de la justice ! qui seule pouvait la faire régner et fleurir.

Une autre branche du même tronc qui la remplace, non pas seulement au nom du droit, mais du devoir ; car c'en était un sacré pour elle de se placer à la tête du gouvernement de la société française, délaissée en quelque sorte par la branche aînée ; ce n'est plus exclusivement non plus par la seule volonté du peuple, c'est principalement et avant tout, parce qu'elle protestait franchement et spontanément contre le retour du bon plaisir, du privilége et des castes, pour ne s'attacher qu'à la justice ; à la justice ! qui seule peut la faire régner et fleurir. C'est aussi principalement et avant toute autre chose que son amour et son respect pour la justice, parce qu'elle était plus qu'aucune autre famille de France, capable et en position d'occuper une magistrature aussi éminente que celle de la royauté !

Orgueilleux !!! orgueilleux !!! vous frémissez de fureur et d'indignation sataniques quand on vous dit que votre volonté n'aurait pas suffi en 1830 pour faire un roi ; vous aimez à croire dans votre impiété délirante que vous auriez pu investir sérieusement et pour plus d'un jour de ce caractère auguste le mendiant qui frappe à vos portes si vous l'aviez *voulu !* Orgueilleux !!! rebelles !!! vous croyez pouvoir dominer la raison, elle vous écrasera ; vous périrez !!! oh !!!... vous périrez !!!!!

Cette haute magistrature rendue héréditaire dans une seule famille, ce n'est plus exclusivement non plus par la seule volonté du peuple, c'est principalement et avant tout, parce qu'elle évite au char de l'état les ébranlemens et les secousses de l'élection, et qu'elle ferme la lice aux ambitions sourdes, frénétiques et insatiables !

C'est ainsi qu'en toute matière en dehors et au dessus de la volonté humaine, se place et doit toujours se placer une autorité supérieure, celle de la raison, qui, suivant les cas, est vérité, justice ou vertu ; la raison ! quels sont ceux qui doivent en être les interprètes en matière politique, afin que son application obtienne toute son exactitude humainement possible? telle est la question dont nous poursuivons la solution, de laquelle nous nous détournons un instant, afin de flétrir et de stigmatiser autant qu'il est en nous une doctrine aussi impie et monstrueuse qu'elle est vaine, dangereuse et subversive de toute organisation sociale; de toute organisation sociale: entendez-vous?..... car elle nie Dieu et sa justice; et vous n'avez jamais vu et vous ne verrez jamais de société sans Dieu et sans justice!

Vox populi, *vox Dei*, dites-vous; oui, quand elle a traversé les préoccupations du siècle présent, et qu'elle se fait entendre loin, bien loin des choses qu'elle juge et qu'elle apprécie; mais lorsqu'elle retentit au milieu des tribulations du jour et que son jugement s'exerce sur les drames joués par lui ou qui l'intéressent : *vox populi, vox dæmonis!*

Si donc vous ne voulez pas périr; ne proférez plus ce blasphème de souveraineté nationale; niez-le formellement ou implicitement dans vos chartes; retranchez-le de votre polémique; abstenez-vous-en dans vos discussions parlementaires; car si vous laissez le monstre grandir, il vous dévorera, vous, ainsi que votre civilisation encore plus enviée qu'éblouissante!

Les rois passent, dit-on; mais les peuples restent. Parole aveugle et mensongère! où sont les peuples de l'antiquité? Thèbes, Jérusalem,

Athènes, Sparte, Carthage, Rome et tous les autres innombrables? où est Venise plus moderne? où est la Pologne que nous avons vue mourir sous nos yeux? où vous serez vous-mêmes quand le démon de l'orgueil aura épuisé sur vous toute sa rage.

D'après les données ci-dessus qui nous paraissent toutes autant de vérités démontrées et invincibles, on peut faire à peu près la statistique morale et politique de la chambre des Députés.

A l'extrême gauche, avec MM. Garnier-Pagès, Laffitte et Arago, sont assis : le démon du fol orgueil dans toute sa rage; l'oubli le plus inconsidéré du principe de la vérité, de la justice, de la vertu qu'ils méconnaissent en les subordonnant à la volonté brutale et capricieuse de l'homme (1),

(1) Ces hommes sont tellement habitués dans leur aveuglement à tout subordonner à la volonté humaine, qu'ils vous disent : « Mais on peut avoir confiance en nos doctrines, nous sommes propriétaires, intéressés à l'ordre, nous ne *voulons* pas le désordre. » Voyez vous l'aveuglement et l'orgueil; parce qu'ils ne *veulent* pas le désordre, ils croient pouvoir l'empêcher victorieusement, quand même il serait la conséquence directe et nécessaire de leurs principes, ou plutôt, disons mieux, de leur négation de tous les principes; car le dogme de la volonté humaine ne peut pas être autre chose. Ils ne s'aperçoivent pas, ces hommes honorables, que c'est précisément celui que les voleurs, les assassins et les malfaiteurs de toute espèce mettent en pratique en n'écoutant que les inspira-

la souveraiueté du peuple, le despotisme de tous, qui, comme tous les despotismes, ne peut engendrer que la mort et la destrction.

A gauche, avec M. Barrot, sont assis : le même démon de l'orgueil, le même oubli, la même souveraineté, le même despotisme, la même mort et la même destruction. Seulement M. Barrot, moins fol et moins inconsidéré, entrevoit ou pressent l'abîme ; il s'arrête instinctivement comme le coursier ; mais il ne voit pas que ce qui le creuse, c'est l'absurde principe qu'il pose dans la spéculation, sans oser l'appliquer instantanément dans toute son étendue, quoiqu'il n'ait absolument aucune raison logique ni positive pour en retarder l'application radicale. Voilà M. Barrot ; s'il ne se précipite pas dans l'abîme, il y sera entraîné.

A l'extrême droite, avec M. Berryer sont assis : le même démon du fol orgueil, mais blessé ; le même oubli, mais calculé ; il pousse à la même souveraineté, au même despotisme, à la même mort et à la même destruction ; pourquoi ? pour se donner la satisfaction aussi triste que cruelle de ramener un fantôme de vie et de prospérité du sein de la mort et de la destruction.

A droite, avec M. de Lamartine, sont assis : le

tions de leur volonté, abstraction faite du juste et de l'honnête. Qui donc rappellera ces fous à la raison ? Personne. Qu'est-ce qui les y ramènera ? Rien : ils ont marché trop long-temps et sont allés trop loin dans leur délire.

démon du fol orgueil étouffé; autrefois blessé peut-être, mais aujourd'hui oubliant généreusement et patriotiquement sa blessure ancienne; la reconnaissance sans calcul du principe de la vérité, de la justice et de la vertu qu'il place ou plutôt qu'il laisse en dehors et au dessus de la volonté humaine; la souveraineté du droit et de la raison; la liberté, la vie et la prospérité.

Au centre gauche, avec M. Thiers, sont assis: le démon du fol orgueil, non étouffé, mais enchaîné; le doute et l'incertitude du principe de la vérité, de la justice et de la vertu qu'il laisse flottantes et incertaines en ne les délivrant pas entièrement de la volonté humaine; la souveraineté ni du droit ni du peuple, mais bien celle du doute et de l'incertitude, ni le despotisme de tous, ni la liberté, mais bien l'impuissance; ni la mort et la destruction, ni la vie et la prospérité, mais bien l'engourdissement et le malaise.

Au centre droit, avec M. Guizot, sont assis: le démon du fol orgueil terrassé, mais respirant encore; la reconnaissance éclatante du principe de la vérité, de la justice et de la vertu qu'il délivre de la volonté humaine, la souveraineté du droit et de la raison; la liberté, la vie et la prospérité.

Au centre, avec M. Royer-Collard, sont assis: le démon du fol orgueil anéanti; la reconnaissance la plus éclatatante du principe de la vérité, de la justice et de la vertu qu'il dégage entièrement de la volonté humaine; la souveraineté la plus complète du droit et de la raison; la liberté la plus pure, la plus durable, la prospérité assurée, en un mot : le progrès, le vrai progrès, qui en toute chose ne peut consister qu'à avancer vers le règne de la vérité, de la justice ou de la vertu.

Quel malheur que M. Royer-Collard n'ait pas, dans la voix et dans son talent, la force, la jeunesse et l'animation de M. Barrot ou de M. Berryer! à l'extrême gauche et à gauche, il peindrait la figure du monstre qui y domine, et il ne pourrait plus nuire, car on serait effrayé de sa hideuse laideur. A l'extrême droite, il mettrait en lambeaux le masque dont on s'y couvre, et le monstre qui y domine, rendu visible à l'œil ne pourrait plus nuire, car on serait effrayé de sa hideuse laideur! Il rassemblerait aux rayons et au feu de sa parole, les élémens de vie, de liberté, de conservation et de progrès aujourd'hui divergens, de la droite, du centre gauche, du centre droit et du centre, et, un nouveau monde sortant du chaos, la France serait sauvée.

Où est Casimir Périer? si la tombe ne peut pas nous le rendre, sommes-nous assez indignes aux yeux de la Providence, pour qu'elle ne lui donne pas au moins un successeur? et pourtant le gouffre est là; à chaque instant il peut nous engloutir! Oh! si la noble famille qui s'est donnée à nous allait périr aussi; si la France avait à s'imputer ce nouveau sacrilége horrible, épouvantable; malheur! malheur!! aucun peuple jamais ne s'est désaltéré deux fois impunément dans le sang de ses rois!....... qu'on y pense; le ciel est pur encore, le sang n'a pas coulé; si ce n'est celui des tyrans, combattant pour la liberté; la liberté!..... profanateurs impies! la révolte, le fer, le pillage, le meurtre, tous les forfaits abominables, vous appelez cela la liberté? fuyez devant la loi armée et foudroyante; disparaissez au nom de la justice de la terre que vous souillez!

Un jour, vous avez vu, livré, gagné dans une arène une grande bataille; sainte dans son principe, le parjure et l'agression étaient là; déplorable dans ses conséquences, vous nous l'avez prouvé; car vous avez dit, prodiges d'aveuglement et de stupidité que vous êtes : « cette arène est à nous; la bataille est sainte dans tous les cas.» Où avez-vous puisé un jugement aussi droit, une logique aussi sûre? Est-ce dans les lumières de votre intelligence et dans la pureté de votre conscience? non; car si vous les aviez consultées, elles vous auraient dit toutes deux d'une seule voix : « c'est la pensée qui domine un événement qui en fait la sainteté ou l'impiété. » Alors, appliquant cette maxime aussi simple qu'incontestable à vos projets encore plus atroces qu'insensés, vous auriez tenu ce langage, en y conformant votre conduite : «sans parjure et sans agression, la bataille n'est pas sainte; avec la fidélité et la protection, elle est impie; restons tranquilles et dévoués.» Voilà ce que vous auriez dit et fait si vous aviez consulté votre intelligence et votre conscience. Où donc avez-vous puisé le jugement infernal que vous avez porté et votre logique exécrable? nous allons vous le dire, si ce que nous avons déjà exprimé ne vous l'a pas encore appris: dans votre fol orgueil, dans votre oubli du principe de la vérité, de la justice et de la vertu que vous avez méconnues ou qu'on nous a fait méconnaître en les soumettant spéculativement au caprice de votre volonté brutale ou perverse; dans ce que vous appelez ou ce qu'on appelle sacrilégement votre souveraineté, c'est-à-dire votre despotisme, votre mort et votre destruction. Voilà la source impure de votre jugement, de votre raisonnement et de tous vos forfaits qui ont ensanglanté et effrayé le monde, et qui l'inonderont encore du même sang et l'épouvanteront des mêmes crimes, si une main vigoureuse, intelligente et pure ne vient y porter remède.

Lamartine, Thiers, Guizot, Royer-Collard et tous ceux qui prennent ces noms et ces hommes pour drapeaux; du fond de notre néant et de notre obscurité, nous vous en adjurons au nom sacré de Dieu, et pour la patrie en péril, ralliez-vous, formez une alliance sainte, indissoluble, sauvez la France! Laissez Garnier-Pagès, Laffitte, Arago, et ceux qui les suivent, vanter l'excellence et la légitimité de leur doctrine ruineuse et en poursuivre follement et vainement l'épouvantable application. Laissez surtout M. Laffitte se débattre péniblement sous le poids de son incapacité politique; laissez-le regretter amèrement, sous les tortures de son amour-propre blessé, les ovations enivrantes des temps passés; laissez-le concilier difficilement, dans sa conscience d'honnête homme, ses opinions d'hier avec celles d'aujourd'hui. Laissez Barrot et ses adhérens professer, dans la spéculation, une doctrine absurde et menteuse dans leur bouche, puisqu'ils reculent devant son application radicale, sans l'ombre d'une raison logique ni positive. Laissez Berryer et ceux qui marchent avec lui pousser à l'application radicale d'une doctrine absurde et hypocrite dans leur bouche, parce qu'ils en connaissent la vanité, qu'ils l'ont dit, et qu'ils tiennent malicieusement à le prouver expérimentalement afin de guérir les blessures de leur amour-propre.

Cependant, disons-le : quels hommes que MM. Garnier-Pagès, Laffitte, Arago, Odilon Barrot, Berryer et d'autres! la gloire et l'honneur de la patrie, soit par leur talent, soit par leurs vertus privées (1); pléiade de patriotes ou de génies qu'il faut honorer et respecter, mais qu'il faut faire descendre du trône de mort et de destruction où l'égarement politique les a placés.

(1) On peut pratiquer la vertu instinctivement et en méconnaître accidentellement le principe dans la spéculation; c'est le cas de ces messieurs, et *vice versâ*.

Députés des centres! il n'existe pas de transaction possible entre la vie et la mort; si vous penehcz du côté de la vie, vous vivrez; si, du côté de la mort, vous mourrez. Abandonnez ces hommes au démon du fol orgucil qui les domine; chassez-le vous-mêmes complétement de votre esprit, en vous humiliant salutairement et le peuple avec vous devant une autre souveraineté que celle de la volonté humaine, savoir : la souveraineté du droit et de la raison; écrivez le nom sacré de celle-ci imprudemment oublié, dans la Charte, si vous ne voulez pas que le nom de celle-là y soit écrit de votre propre sang et de celui de bien d'autres aussi précieux pour la France, s'il ne l'est davantage.

Législateurs de 1830! vous avez oublié de jeter, sur l'abîme qui sépare l'homme de la vérité, de la justice et de la vertu, le pont indispensable pour qu'il y parvienne, comme si vous aviez cru follement qu'elles résidassent en lui. Voici le frontispice positif, rationnel, vrai, qu'il faudrait à la Charte de 1830; nous le proposons hardiment, autant pour remplir la lacune impie et dangereuse qui s'y trouve et pour lier plus solidement et plus franchement le passé avec le présent et l'avenir, que pour enlever tout espoir au démon du fol orgueil d'y inscrire sa formule vaine et ruineuse tendant à séparer complétement le passé d'avec le présent et l'avenir.

« *Avec l'assistance, et sous l'inspiration de Dieu,*

nous, Louis-Philippe Ier, roi des Français, la chambre des pairs et la chambre des députés, tout en déplorant sincèrement le funeste aveuglement qui a poussé la branche aînée des Bourbons au parjure et à l'agression, causes principales et immédiates de sa chute, et approuvant avec la même sincérité la généreuse indignation qui, portant le peuple français à obtenir réparation du parjure, en résistant à l'agression, a été la cause secondaire et occasionelle de cette chute, avons séparément et librement délibéré, et nous Louis-Philippe Ier, roi des Français, spécialement chargé du pouvoir exécutif, avons décrété, etc. »

Quand vous aurez effectué cette addition et ce changement, vous répondrez péremptoirement à ce raisonneur imberbe, déguenillé ou intrigant, mais implacable, assis sur les bancs de l'école, vagabond, sans fortune ou ruiné, qui, au milieu des bouffées d'orgueil où le jette la maxime sacrilége à laquelle votre oubli, autant que la faiblesse et l'équivoque de vos paroles, donnent occasion de naître et d'aspirer à s'intrôniser en lui servant de prétextes, vient vous dire, un code, un scalpel ou un fusil à la main, ou un masque au visage, avec une justesse apparente de déduction embarrassante : « Vous ne niez pas formellement, ni implicitement, que la nation soit souveraine, vous ne liez pas non plus bien fortement et bien franchement le passé avec le présent et l'avenir; eh bien! moi, je m'empare de votre silence, de la faiblesse et de l'équivoque de vos paroles, et surtout de la partie matérielle de l'événement de 1830, pour dire que la souveraineté nationale existe; qu'il n'y a rien de commun entre le passé, le présent et l'avenir; que la bataille de juillet a tout brisé. Or, je fais partie de la nation; donc je veux faire, ou (sans aucun préambule) je fais acte de souveraineté en tirant des coups de fusil, comme si réellement tout lien historique et chronologique était rompu et que l'événement de 1830 fût exclusivement matériel. » Et vous n'avez rien, absolument rien de logique, ni de positif pour répondre péremptoirement à cela, tout académiciens que vous êtes la plupart d'entre vous.

C'est ainsi que M. Arago et ses pareils, avec la supériorité de leur esprit, habitués qu'ils sont à l'inflexibilité des déductions mathématiques, s'égarent et deviennent démons comme le vulgaire. Tandis que si la formule additionnelle et modificative que nous proposons avait été adoptée d'abord, ou l'était aujourd'hui, car il est encore temps, notre raisonneur imberbe, sans aveu ou intrigant, dirait : « Il paraît qu'il existe une autre souveraineté que celle de Louis-Philippe, de la chambre des Pairs et de la chambre des Députés, et même que celle de la nation; il paraît que tout lien n'est pas rompu entre le passé, le présent et l'avenir; il paraît que l'événement de 1830 n'est pas exclusivement matériel; cette souveraineté, c'est celle de Dieu, c'est-à-dire de la raison, manifestée, décrétée par ceux qui ont acquis ou dû acquérir par le travail, et qui sont dans la maturité de l'âge; travaillons, acquérons, avançons en âge, et nous participerons un jour à ce grand acte de manifestation sociale; le lien historique et chronologique, c'est le parjure et l'agression d'une part et la réparation de ce parjure par la résistance à l'agression d'autre part, ce qui constitue la partie immatérielle, morale de l'événement de 1830. »

Voilà indubitablement le raisonnement logique et salutaire que ferait le vulgaire ainsi que M. Arago et ses pareils, qui, de vrais démons qu'ils sont, deviendraient, ceux-ci anges par leur supériorité et leur moralité pratique, et l'autre homme par son infériorité; c'est à-dire, les uns lumières et esclaves de la loi, et celui-là soumis à la loi; par conséquent sauveurs et libres; de destructeurs et de despotes qu'ils sont ou seraient aujourd'hui si leur néant épouvantable de doctrine prévalait.

Et puis, voyez combien l'édifice social serait complet et harmonieux! pour base rationnelle et éternelle, le fonds territorial, industriel ou commercial; pour colonnes égales en force, le Roi, la chambre des Pairs, la chambre des Députés; pour pierres de voûte inébranlables, la vérité, la justice, la vertu; pour ciment indestructible, la partie morale, immatérielle de l'événement de 1830; pour sommet enfin ou clef de voûte immuable, DIEU, ou si certains esprits frondeurs, froids ou superbes étaient effarouchés de ce mot onctueux et consolant, LA RAISON, qui au fond n'est pas autre chose que Dieu !

Architectes de la charte de 1830! vous n'avez pas mis un ciment assez tenace et assez abondant à votre édifice ; vous avez de plus omis d'y placer la clef de voûte; les vents soufflent, l'orage gronde, le tonnerre est près d'éclater ; tremblez pour votre œuvre mal jointe et incomplète ; les pierres de la voûte vacillent déjà sous l'effort de la tempête naissante, parce qu'elles sont trop faiblement liées et qu'elles ne sont retenues par rien ; hâtez-vous; n'attendez pas que leur chute vous écrase ou vous laisse comme des colonnes ruinées, fatiguer inutilement le fonds territorial, industriel ou commercial ; dépouillez toute fausse honte ; de téméraires et d'imprudens que vous avez été, osez devenir tout à coup humbles et prudens; mettez un ciment plus fort et plus abondant à votre édifice ; posez la clef de voûte aujourd'hui même ; demain, demain peut-être il ne sera plus temps ; la foudre aura tout renversé ! levez-vous, députés des centres ! dites clairement et hautement qu'un funeste aveuglement d'une part et une légitime indignation de l'autre, furent la pensée unique et dominante de la bataille des trois jours ; faites pénétrer cette pensée dans toutes les parties de la charte, d'une manière plus nette et plus énergique ! proclamez Dieu d'une voix unanime et assez forte pour couvrir les hurlemens affreux que poussera le monstre qui domine aveuglement à gauche et hypocritement à droite; écrivez ce nom radieux et sacré en caractères gigantesques et ineffaçables sur le front terne et dépouillé de la charte; fortifiez la pudeur dans l'âme de la vierge; rendez-lui sa candeur et sa force; sa candeur, c'est la vérité; sa vertu, c'est la chasteté; à l'épouse donnez une blanche couronne, symbole de puissance et de sa pureté, elle inspire aux méchans une terreur secrète, aux bons un culte de respect inviolable à leurs yeux.

La vierge et sa pudeur, c'est la Charte et juillet dans toute sa beauté; l'épouse et la couronne blanche, c'est la charte et le Dieu qui domine les mondes; la vérité, la justice, la vertu, reprendront tout leur empire légitime et salutaire; elles ne seront plus flottantes et incertaines entre la terre et le ciel, entre l'homme et son Dieu; le roi, la chambre des Pairs, la chambre des Députés ne paraîtront plus, au regard des passions, s'être implantés sur le sol de la patrie, sans lien, sans qualité, sans raison ou sans racines; elles seront détrompées par la pensée vraie et rayonnante de juillet, plus clairement et plus énergiquement déposée dans la Charte; pensée qui seule peut les constituer légitimement à leurs yeux, comme elle les constitue en réalité les continuateurs de cette puissance antique et tutélaire, dont le berceau se perd dans la nuit des temps, qui naquit infailliblement des débordemens frénétiques de la cupidité, s'exerçant sur la substance légitime de l'homme; mais puissance qu'on ne saurait faire reposer sur un contrat dont l'essence est l'intervention directe et effective de la volonté humaine : à moins qu'on ne veuille être assez absurde et assez impie pour subordonner la vie de l'homme qu'il tient de la nature, c'est-à-dire le droit, la propriété, la société, au caprice, à la brutalité ou à la malice de cette volonté essentiellement mobile et passagère.

Ils ne paraîtront plus au regard des mêmes passions, de simples légisfacteurs décrétant l'arbitraire; mais bien de véritables législateurs qu'ils sont, cherchant prudemment et religieusement la loi, expression du vrai, du juste, du bon, et non pas, comme certains osent le dire orgueilleusement et sacrilégement, expression de la volonté humaine; car ces passions sauront qu'ils siégent avec l'assistance et sous l'inspiration de Dieu, type éternel et sacré de la loi (1)!

Le raisonneur imberbe, déguenillé ou intri-

(1) M. Barrot n'a pas craint de dire et de publier que la loi devait être athée; il est impossible de voir le démon de l'orgueil formuler ses maximes infernales avec plus d'audace et de folie. M. Barrot n'est pas législateur; il est au contraire, spéculativement parlant, en révolte permanente contre la loi, *Lux et via vitæ*. Que l'on creuse ces mots : Dieu, raison, nature, principe, loi, droit, vie, liberté; on verra au fond qu'ils sont synonymes, et que le premier les résume tous.

gant, écolier, sans aveu, sans fortune ou ruiné, n'aura plus l'ombre d'un prétexte pour exercer sa dialectique verbeuse, sanglante ou hypocrite; il se taira ou se soumettra. L'écolier imberbe sera tout à l'étude et aux plaisirs de son âge; le déguenillé, sans aveu, au travail; l'intrigant, privé de la fortune ou ruiné, ne songera plus qu'à la chercher ou à reconstituer la sienne par les voies ordinaires et honorables.

M. Arago et ses pareils reviendront tout entiers à leurs travaux spéciaux et transcendans, ainsi que les esprits vulgaires aux leurs; ou s'ils veulent appliquer l'inflexibilité des déductions mathématiques à la matière sociale, en partant de la souveraineté de Dieu qui est spécialement en cette matière celle du droit, ils arriveront non pas au suffrage universel, en ce sens que chacun aurait le même degré d'influence, mais au suffrage universel, en ce sens que chacun aurait un degré d'influence proportionné au chiffre de son patrimoine territorial, industriel ou commercial. Ce n'est qu'en vertu d'une semblable déduction mathématique, que l'impôt est proportionné à la valeur territoriale, industrielle ou commerciale des citoyens (1); toute autre base d'impôt est illégitime et blesse le droit; eh bien! *a contrario*,

(1) Les démagogues disent: « Tous les Français sont obligés de payer également de leur personne pour la défense de la patrie; donc ils doivent avoir une influence égale », voilà un énorme sophisme. Si tous les Français

il est aussi mathématiquement logique et légitime de proportionner l'influence politique à la valeur de la substance de chacun ; car sous le régime, seul vrai, de la souveraineté de Dieu, il ne s'agit pas de recueillir des volontés brutales, capricieuses ou perverses, constitutives de la loi, mais bien de chercher et de proclamer le droit générateur de la loi, opération qui exigerait rigoureusement le concours de volontés proportionnées en force au degré d'intérêt qu'elles ont dans la recherche, dans l'application et surtout dans le maintien de la loi ; mais comment nuancer, diviser assez l'influence, pour que le degré que chacun en posséderait répondît exactement à la valeur de sa substance particulière ; physiquement et dans la spéculation, cette opération serait possible jusqu'à un certain point, par une proportion arithmétique, commençant par un indéfiniment, de manière que 1, 2, 3, de valeur territoriale, industrielle ou commerciale, auraient

sont obligés de combattre personnellement, chacun ne contribue aux dépenses de la guerre que proportionnellement à sa substance, à ses biens, à sa vie sociale. MM. les démagogues, vous êtes d'excellens logiciens, vous déduisez parfaitement bien toutes les conséquences de vos doctrines creuses, quelque infernales qu'elles soient ; mais vous avez perdu le sens, car vous partez toujours d'une donnée fausse ou incomplète, que vous puisez dans votre orgueilleuse volonté, au lieu de la chercher dans ce qui est, dans la nature des choses, dans la raison !

1, 2, 3 d'influence; mais moralement et dans la réalité, elle serait illusoire et dangereuse; le plus grand nombre des influences, c'est-à-dire les influences inférieures, seraient inexercées ou mal exercées, détournées d'elles-mêmes ou produites au hasard par l'indifférence ou la malice; l'indépendance ou l'ignorance de ceux qui seraient en possession de les exercer; de telle sorte que l'opinion qu'ils manifesteraient, s'ils en manifestaient, ne saurait être réputée appartenir à la raison et concourir légitimement et efficacement à la détermination constitutive de la liberté.

Nous nous expliquerons plus tard au chapitre de l'indépendance et à celui des lumières, sur la dépendance et l'ignorance des influences inférieures, dont nous ne parlons ici qu'incidemment sous forme d'allégation; nous n'avons besoin de nous expliquer ici au chapitre de la bonne foi que sur leur indifférence et leur malice.

Parmi ceux qui, à l'aide d'un travail pénible et opiniâtre, trouvent difficilement dans l'exploitation de leur fonds territorial, industriel ou commercial, de quoi suffire aux besoins les plus rigoureux de la vie matérielle, il en est qui sont plus ou moins complétement insoucieux du maintien de la société conservatrice du droit de tous; les insensés! ils n'imaginent pas que leur position, quoi qu'il arrive, puisse devenir plus mauvaise; dans cette situation d'esprit ils regretteraient le temps qu'ils donneraient à l'exercice d'une influence qu'ils ne conçoivent pas pouvoir leur être d'aucun profit; tandis qu'ils voient bien clairement la perte actuelle et immédiate que leur ferait éprouver l'interruption de leur travail pour vaquer à la chose publique. De là, l'indifférence d'une partie des influences inférieures; elle est incontestablement dans la nature du cœur humain : il faut pour qu'il agisse un intérêt patent ou envisagé comme certain; la vue ou la connaissance d'une injustice actuelle qui excite son indignation, ou d'un malheur présent qui émeuve sa compassion. Or ici, au lieu d'un intérêt patent ou envisagé comme certain, il n'y a qu'un intérêt douteux, inaperçu, et bien réellement et visiblement un intervalle de temps perdu pour le travail et pour le profit; au lieu d'une injustice ou d'un malheur présent, il n'y a qu'une injustice ou un mal éloigné qu'il n'aperçoit pas; surtout du point de vue de malaise et de préoccupation matériels où nous le plaçons, ou plutôt où la marche naturelle des choses l'a placé.

A côté de ces travailleurs honnêtes, mais insoucieux dont nous venons de parler, il en est d'autres dans la même position de malaise, moins laborieux, moins honnêtes, moins indifférens et par dessus tout essentiellement envieux. C'est en frémissant qu'ils supportent le joug du travail; ils sont prêts à secouer, s'ils ne l'ont déjà fait, celui de l'honneur dans les angoisses de leur situation, ou dans la poursuite aveugle et frénétique de la jouissance actuelle et sans remise, par la voie la plus courte et la plus directe à travers la fraude et le crime. Il est certain qu'ils feraient servir leur influence bien plutôt à la ruine qu'à l'affermissement du pouvoir protecteur des droits de tous, eux qui convoitent, menacent à chaque instant, ou envahissent le droit de chacun. Telle serait la malice d'une partie des influences inférieures. Il faut remarquer qu'elle serait d'autant plus funeste qu'elle ne serait pas contrebalancée par la bonne foi de la partie honnête et laborieuse de ces influences; puisque nous avons déjà fait voir qu'elle était plus ou moins passive et indifférente.

Nous sommes donc fondé à dire que les influences inférieures seraient inexercées, en ce sens qu'elles ne se produiraient pas du tout, à cause de l'indifférence occasionée par l'exiguité ou l'imperception de leur intérêt; pernicieusement exercées sans contre-poids, en ce sens que la malice d'une partie d'elles tendrait à la ruine et non à l'affermissement de la loi sociale; et de plus, comme nous le verrons plus tard, étouffées, en ce sens qu'elles seraient détournées d'elles-mêmes par la dépendance ou l'ignorance de ceux qui les exerceraient; mais non étouffées en ce sens qu'elles tourneraient au profit des passions par leur dépendance ou qu'elles se produiraient au hasard, inconsidérément, sans motif d'action par leur ignorance ; de là vient la nécessité de les retrancher pour le bien social, parce qu'en toute matière et dans celle-ci surtout si grave, si importante, il ne faut laisser que le moins qu'il est possible à l'indifférence, à la malice, aux passions et au hasard des déterminations.

Mais où sera la limite des influences inférieures? C'est ici que, par la nécessité même des choses, commence définitivement le fait, l'ouvrage de l'homme, la variété. La loi de 1814 avait dit purement et simplement : la limite des influences inférieures sera à la valeur représentée par 300 francs de contributions directes. La loi de 1831 est venue ensuite, qui a dit avec moins de simplicité : elle sera de droit commun à la valeur représentée par 200 francs de mêmes contributions; et puis elle a établi follement les exceptions dont nous espérons achever de faire justice quand il en sera temps.

Nous voici dans le cœur du fait qui contient l'application du principe de la légitime influence de la propriété territoriale, industrielle ou commerciale. Autrefois c'était 300 francs de contributions directes ; aujourd'hui c'est 200 francs de mêmes contributions; ne discutons pas ces deux chiffres, ils représentent des valeurs qui ne sont pas tellement distantes l'une de l'autre, qu'il faille beaucoup se récrier (1); prenons le chiffre de 200 francs, acceptons-le.

(1) Cependant qu'il nous soit permis de déplorer qu'on

Qu'est-ce que payer 200 francs de contributions directes dans l'état actuel de notre bien-être matériel? c'est approximativement avoir un fonds territorial, industriel ou commercial, qui fournit raisonnablement, sans travail personnel excessif, à nos besoins de premier ordre et de première nécessité, c'est-à-dire à nos besoins physiques.

La satisfaction assurée, permanente, facile des besoins de cette nature, fait naître en nous l'amour ardent et le respect profond du fonds qui la produit; de cet amour et de ce respect surgit une volonté ferme et active de conserver la chose qui en est l'objet. Voilà l'indifférence d'une partie des influences inférieures et la malice de l'autre partie de ces influences, qu'on ne trouve plus ici au même degré; les besoins physiques ne sont plus si pressans; le travail personnel n'est plus si rigoureux; la condition est meilleure; elle est bonne; elle est heureuse; la fatigue ne murmure plus; l'envie s'apaise; on veut conserver, augmenter le bonheur de cette situation; la chose indispensable, c'est le maintien et l'affermissement du pouvoir protecteur du droit de tous et de chacun. Plus l'on remonte l'échelle du bien-être matériel, plus cette dis-

ait abaissé le cens électoral le lendemain du jour où la chute d'une branche royale avait ébranlé le pouvoir social. L'avenir nous apprendra les suites d'une pareille imprudence, que le présent fait déjà pressentir.

position d'esprit prend de l'activité et de l'énergie ; parce que l'amour de la situation augmente dans la mesure de son bonheur.

Voilà la bonne foi que la nature de l'homme, considéré abstractivement, ne permet pas de supposer en lui, qui revient, non pas parfaite, il est vrai, elle ne l'est jamais chez l'homme, mais enfin qui revient moins vacillante à la suite de la position de bien-être social qu'il s'est acquise par le libre exercice de ses facultés ; car nous avons défini la bonne foi, en la matière qui nous occupe, l'état d'esprit d'un individu qui, faisant abnégation de lui-même, n'a d'autre but que la réalisation de ce principe éternel qui attribue à chacun le fruit de son travail ; nous savons bien, comme nous venons de le reconnaître, que l'état d'esprit du citoyen qui est en possession d'un bien-être matériel représenté par 200 francs de contributions directes, ne correspond pas exactement à celui de l'individu parfaitement de bonne foi, comme Dieu pourrait l'être ; qu'il ne fait pas entièrement abnégation de lui-même ; qu'il peut vouloir autre chose que la justice ; mais au moins il réunit en sa faveur des présomptions de bonne foi plus fortes que celles que peuvent avoir en la leur ceux qui possèdent moins jusqu'à zéro inclusivement ; ces présomptions s'affaiblissant ou se fortifiant dans la proportion de la substance de chacun.

De plus, ces présomptions sont assez fortes; car si au chiffre de 200 francs de contributions directes la mesure de la bonne foi n'est pas pleine, au moins a-t-elle atteint cette hauteur où non seulement il n'est plus permis de présumer en général ni ce degré d'indifférence qui endort sur le maintien et la direction de la chose publique, ni ce degré de malice qui fait aspirer bien plutôt à sa ruine qu'à sa conservation, et qui sont indubitablement le partage de la majeure partie des influences inférieures; mais même la bonne foi a atteint ce point d'élévation où il est presque impossible de ne pas trouver une volonté ferme et active de conserver et de consolider la puissance protectrice du droit de tous.

Si donc ceux qui sont en possession d'un bien-être matériel représenté par 200 francs de contributions directes, réunissent en leur faveur les présomptions les plus fortes de bonne foi relativement à ceux qui possèdent moins jusqu'à zéro; si de plus ces présomptions sont assez fortes, nous sommes fondés à conclure, en vertu du syllogisme le plus régulier, qu'à défaut de la divinité, ils doivent être les interprètes de la raison dans la détermination pratique des droits et des devoirs de l'homme, exclusivement à ceux qui possèdent moins, afin qu'atteignant toute son exactitude humainement possible, la liberté qu'elle constitue soit aussi la plus parfaite possible.

Nous avons établi qu'en fait l'indifférence ou la malice des influences inférieures n'existaient pas au même degré chez les influences plus élevées; que celles-ci étaient au contraire jalouses de conserver et d'augmenter le bonheur de leur situation par l'affermissement du pouvoir social; cette disposition d'esprit croissant dans la proportion de la substance de chacun, il serait rigoureusement conséquent et rationnel d'accorder proportionnellement plus d'influence à ceux qui ont un patrimoine plus considérable que celui représenté par 200 francs de contributions directes jusqu'au chiffre le plus élevé. Cela serait physiquement possible jusqu'à un certain point, par la proportion arithmétique dont nous avons déjà parlé. Mais il suffit que la loi atteigne son but; et il lui importe beaucoup de l'atteindre avec la plus grande simplicité possible; c'est le premier mérite de toute machine industrielle; elle fonctionne mieux et à moins de frais; il en est de même de la machine sociale. Or l'attribution d'un même degré d'influence à ceux qui paient 200 francs de contributions directes et au dessus, est infiniment plus simple qu'une attribution d'influence proportionnée au chiffre de bien-être de chacun, et le but de la loi n'en est pas moins atteint; car si au chiffre de 200 francs de contributions la mesure de la bonne foi n'est pas entièrement pleine, comme nous l'avons déjà reconnu plusieurs fois, elle l'est assez approximativement pour rassurer la société contre l'égarement de la raison humaine; d'où il suit qu'il n'est pas nécessaire de proportionner l'influence de ceux qui ont une valeur de patrimoine supérieure à celle représentée par 200 francs de contributions directes, au chiffre de cette valeur.

D'autant plus que la tendance d'aristocratie et d'inégalité illégitimes, qui peut exister à des degrés différens chez les sommités territoriales, industrielles ou commerciales, ne serait pas contrebalancée par la tendance de démocratie et de nivellement également illégitimes des influences inférieures, qu'il est nécessaire de retrancher pour le bien social. Tandis qu'avec l'attribution égale d'influence depuis le chiffre de 200 fr. jusqu'au chiffre le plus élevé, la tendance anormale et pernicieuse des sommités sociales est neutralisée par la tendance régulière et bienfaisante des influences moyennes, puissantes par leur nombre, commençant approximativement au chiffre de 200 fr., et composant la partie la plus saine et la plus morale de tous les pays du monde; car, sans être asservies despotiquement au travail, chaîne qui rend excessivement difficile la conservation intacte de sa dignité, comme les influences inférieures, elles s'y soumettent volontairement dans l'espoir légitime d'augmenter leur bien-être actuel, ce qui les empêche de tomber dans l'esclavage des passions; esclavage destructeur sous lequel gémit, meurt ou se dégrade un grand nombre des sommités sociales, parce qu'étant placées trop en dehors et au dessus de toute préoccupation et de toute espérance d'améliorations matérielles, elles deviennent la proie exclusive des passions dévorantes, à moins qu'elles ne portent en elles un sentiment de moralité et de religion qui les en préserve en les domptant ou en les modérant.

En bas : misère, travail accablant, peu ou point de respect de soi-même ; en haut : superfluité, néant de travail, passions dévorantes ; oubli de soi-même ; au milieu : le nécessaire, travail volontaire et consolant, passions modérées, respect de soi-même, dignité, *aurea mediocritas*.

Il est inutile de faire observer que nous disons ceci d'une manière générale, ce qui suppose des exceptions qui existent réellement.

C'est ici le moment de signaler une inexactitude de langage qui entraîne une étrange et une déplorable confusion d'idées.

On appelle inconsidérément *droit*, l'exercice de l'influence qui concourt à la détermination des droits et des devoirs de l'homme génératrice de la liberté, tandis que ce n'est qu'une charge attribuée au citoyen, indéterminé d'ailleurs, qui est en possession du fait de la garantie sociale. Cependant certains esprits de s'écrier que tout le monde en France n'a pas la jouissance et l'exercice de ses droits ! leur plainte aurait quelque fondement si la loi politique ne garantissait pas à tous également le fruit de leur travail; car c'est là le véritable droit de l'homme, s'il reçoit quelque autre chose de la loi, le bienfait égale le droit ou l'efface complétement. Quand elle le protége contre les désordres de l'amour et des autres passions accidentelles, c'est autant à titre de droit et de devoir qu'à titre de bienfait; quand elle le défend contre les angoisses de la faim, du froid ou de la maladie; quand elle met à la portée de tous les premiers élémens de la vie intellectuelle et morale, ou s'immisce dans les autres attributions signalées plus haut, c'est absolument à titre de bienfait, parce que toutes ces choses sont au-delà du but essentiel de l'institution de la loi. Mais lorsqu'elle le protége à l'occasion du fruit de son travail, de la propriété, c'est uniquement à titre de droit et de devoir; car c'est véritablement la dette de la loi sociale qu'elle ne peut se dispenser de payer à tous sans trahir sa mission rigoureuse et essentielle. Si donc la loi actuelle ne garantissait pas à chacun également le fruit de ses labeurs : si même elle ne protégeait pas tous également contre l'égarement des passions accidentelles, on serait fondé à s'écrier que tout le monde ne jouit pas en France de ses droits; mais s'il en est ainsi, qu'on se taise! car l'exercic de l'nfluence sociale qu'on ne confie pas à tous indistinctement, n'est pas un droit mais bien une charge. Une charge honorable, parce qu'elle repose sur un fait qui fait présumer en faveur de celui qui le possède des conditions de bonne foi qui rassurent la société contre l'égarement de sa raison. Si elle n'était pas attaché à ce fait, s'il suffisait de la seule qualité d'homme pour en être investi, elle n'aurait rien d'honorable, parce qu'il n'existe pas en nous de qualité moindre que celle-là : si elle n'était pas honorable elle serait peu recherchée, tandis qu'il est bon qu'elle dépende d'un fait qui l'honore, parce que l'acquisition de ce fait est un nouveau stimulant donné à l'activité humaine.

Les auteurs de la charte de 1830 ont effacé le frontispice de celle de Louis-XVIII, sanctifiée par le sang de juillet, sous prétexte, ont-ils dit, qu'il paraissait octroyer aux Français des droits qui leur appartiennent naturellement; tandis qu'en réalité ce roi véritablement législateur ne faisait que poser des principes, déclarer des droits et conférer des charges qui garantissent précisément l'application de ces principes et le respect de ces droits. Mais qu'ont fait nos orgueilleux de 1830? le voici : tout en reprochant à une grande ombre d'avoir paru octroyer ce qu'ils appellent improprement des droits, ils en ont octroyé à leur tour; car ils ont déclaré implicitement, certains formellement comme M. Barrot, que la charge électorale était un droit; tous ceux qui ne pensent pas par eux-mêmes l'ont cru; et comme les droits sont à tous, précisément parce qu'ils constituent la vie, la liberté; on réclame pour tous la charge électorale.

Voilà la position évidemment fausse et dangereuse où cette confusion les a placés. Ils avaient cependant à leur tête les premiers avocats de France; comment se fait-il que ceux-ci n'aient pas su distinguer une charge d'un droit? de la part d'un chiffonnier ou d'un porteur d'eau, une pareille étourderie serait pardonnable; mais de la part des aigles du barreau, c'est une honte qui devra les écraser s'ils ouvrent un jour les yeux à la lumière. La cause de cette aberration, c'est qu'ils étaient plus rhéteurs que législateurs; qu'ils avaient plus d'éclat dans la parole, que de maturité dans le jugement; plus d'orgueil dans le cœur que de profondeur dans la pensée (1). Ils ont manqué de sens, quand ils ont outragé celui du roi Louis XVIII, en lui attribuant d'avoir paru octroyer des droits; qu'ils subissent la peine de leur déraison et de leur témérité! on leur demande actuellement pour tous la collation de ce qu'ils ont follement proclamé être des droits qui appartiennent naturellement à tous les Français, et ils n'ont pas même l'ombre d'une raison logique à faire à ces cris de révolte morale; car les droits sont à tous, comme l'air, comme la lumière du soleil, comme l'existence.

(1) Ayant passé leur vie à attaquer, ils ne savaient pas ce que c'était que conserver et construire; ils ne le savent pas encore!

Expiez donc aujourd'hui votre audace imprudente, législateurs orgueilleux!!! jamais rien ne se perd pour la justice de Dieu!

Terminons le chapitre de la bonne foi en exprimant une vérité qui nous paraît trop faiblement comprise et trop peu répandue.

Si rien de ce qui est bon et utile en soi ne flétrit, tout n'honore pas également. L'honneur qui revient de l'accomplissement d'une chose non mauvaise en soi, est en raison de la difficulté intellectuelle ou morale. Ce que tout le monde peut faire, ce qui est à la portée de tout le monde par cela même ne donne aucune considération; car la considération ne peut se fonder que sur quelque chose de distinctif qui mette en dehors de la ligne commune: de là vient que la fortune honore, parce que dans une société bien réglée où chacun ne doit recueillir que le fruit de ses œuvres, elle fait présumer en général l'activité, l'ordre, l'intelligence; tandis que la pauvreté n'honore pas, parce que en général elle fait présumer le néant de ces qualités, ou leur existence dans un degré fort ordinaire. La même différence de considération existe entre les professions libérales et les professions manuelles, par la raison ci-dessus énoncée, la difficulté intellectuelle. Le degré de gloire qui revient d'une bonne action, dépend aussi de la difficulté morale qu'on a rencontrée pour l'accomplir. Tout ceci est dans la nature des choses, aucune puissance humaine ne peut le changer.

Il est impossible d'être plus sottement orgueilleux que celui qui s'efforce de nier l'inégalité rationnelle des conditions sociales; voyez-le faire: il voudrait bien rabaisser à son niveau ceux qui le dépassent; mais, bien loin de vouloir descendre jusqu'à ceux qui sont au-dessous de lui, s'il en existe, il les écrase sous le poids de son arrogance. Le plus souvent, les fats de cette espèce se disent républicains; quel contresens!!! Qu'ils se disent plutôt la personnification la plus parfaite de l'orgueil et du despotisme, ce sera l'expression d'une grande vérité.

La vraie république, c'est le respect du droit de tous; or, la condition sociale fait partie du droit, puisqu'elle repose sur le bien-être acquis par les sueurs de chacun génératrices du droit; ceux donc qui s'indignent contre la disparité normale des conditions, blasphémant contre le droit même, peuvent bien être des envieux ou des aveugles, mais jamais de vrais républicains!

CHAPITRE III.

DE L'INDÉPENDANCE.

L'indépendance en toute matière est l'état d'esprit d'un individu qui, complétement libre dans ses déterminations, marche par lui-même à la poursuite du vrai, du juste, du bon; en politique, ordinairement et spécialement, il s'agit de la poursuite du juste.

Celui qui cherche la loi est placé à l'égard de l'indépendance exactement dans la même position qu'à l'égard de la bonne foi; c'est-à-dre, que, ne pouvant pas lire dans le cœur des individus qui sont l'objet de ses dispositions, il lui est impossible de connaître l'état d'esprit de chacun; partant, s'ils sont indépendans, s'ils marchent par eux-mêmes à la poursuite du vrai, du juste, du bon; d'où il suit également ici que le législateur n'a pour point de départ que cette donnée abstraite de l'homme, tirée de l'étude de lui-même et de ses semblables. Or cette donnée, c'est en général le sceptre de la liberté morale de l'homme s'abaissant plus ou moins sous le poids de la volonté de celui qui lui procure la satisfaction de ses besoins, de ses désirs ou de ses passions. C'est l'homme commandant aujourd'hui au maître de la veille; c'est l'homme libre et esclave, et dans la réalité, beaucoup d'entr'eux plus esclaves que libres; telle est la donnée du législateur à défaut de cette intuition directe qui lui ferait connaître les libres, nous nous trompons encore, qui lui ferait connaître les plus libres; car il est certain qu'en règle générale, l'homme est à la fois libre et esclave. Ceci doit s'entendre de la liberté morale.

Cet état de choses étant identiquement le même que celui que nous avons signalé pour ce qui concerne la bonne foi, il est évident qu'à l'égard de l'indépendance, le même sentiment devra animer l'homme chargé de porter la loi; c'est-à-dire qu'il devra se méfier de l'homme considéré en lui-même, dans sa nature, indépendamment de la position qu'il s'est acquise par le libre exercice de ses facultés; car, comme nous l'avons déjà exprimé, la loi elle-même n'ayant pas d'autre motif d'existence que cette méfiance que l'homme a de lui-même et de ses semblables, pour qu'elle atteigne le but et les effets qui lui sont propres, il est nécessaire que celui qui la cherche s'identifie complétement avec sa cause déterminante; c'est-à-dire qu'il se méfie de l'homme considéré abstractivement.

Cela posé, quel est le fait permanent et palpable qui, aux yeux du législateur, fera présumer à des degrés différens cette indépendance que la nature morale de l'homme ne permet pas de supposer en lui ; qui est une des trois conditions essentielles pour qu'une manifestation soit réputée appartenir à la raison et concourir fructueusement à la détermination constitutive de la liberté ?

Il nous paraît manifeste que ce fait devra être la propriété territoriale, industrielle ou commerciale ; la propriété !! Nous avons dit qu'elle renfermait toute la vie de l'homme ; agriculture, industrie, commerce, population, perfectionnement intellectuel et moral ; en trois mots, famille, société, civilisation ; voyons si en général elle ne renferme pas aussi l'indépendance à des degrés différens.

Les premiers, et les plus implacables tyrans de l'homme, sont incontestablement les besoins physiques ; nous l'avons déjà constaté au chapitre de la bonne foi.

Les tyrans secondaires et un peu moins implacables sont ses désirs qui, excités par l'obstacle, deviennent des passions dangereuses.

Ceux qui n'ont aucun fonds territorial, industriel ou commercial, n'ont de plus que les animaux domestiques, en fait d'indépendance, que le choix du maître ; encore ne trouvent-ils pas toujours celui qu'ils désirent.

Ceux dont le fonds territorial, industriel ou commercial, ne suffit pas à leurs besoins physiques, en sorte qu'ils soient obligés d'aller exploiter le fonds d'un autre, moyennant un salaire dépendent de celui qui les emploie.

Ceux dont le fonds territorial, industriel ou commercial, à l'aide d'un travail rigoureux et opiniâtre, suffit à peine à leurs besoins physiques, ne sont pas tellement amoureux de la lourde chaîne qu'ils portent, qu'ils ne soient plus ou moins prêts à l'alléger en acceptant l'or ou des avantages d'une autre nature offerts par les mauvaises passions; préférant secouer le joug légitime imposé par la nature, que rester indépendans de celui bien plus rigoureux et véritablement abject, qu'impose quelquefois l'ambition criminelle des hommes.

Les trois catégories de positions que nous venons d'indiquer, dépendent encore plus ou moins de leurs désirs qui, irrités qu'ils sont par l'obstacle, les rendent encore plus souples à la volonté du maître qu'elles servent et plus accessibles à la vénalité.

Voilà approximativement les influences inférieures qui, étant avec plus ou moins de facilité détournées d'elles-mêmes, pourraient devenir l'instrument des mauvaises passions; cette considération, jointe à celle déjà énoncée au chapitre de la bonne foi, fait naître la nécessité de les retrancher pour le bien social.

Mais si, comme dans le précédent chapitre, remontant l'échelle du bien-être matériel, nous arrivons à la valeur représentée par 200 francs de contributions directes, nous trouvons que les besoins physiques, loin d'élever une voix si impérieuse, sont au contraire pleinement satisfaits, à l'aide d'un travail moins rigoureux. Les principaux désirs que l'homme peut former dans les élans de son imagination vers le bonheur, sont au moins apaisés, s'ils ne sont pas rassasiés : en sorte que la dépendance des positions inférieures à ce point de bien-être, n'existe plus au même degré; la délivrance des besoins matériels réveille, au contraire, dans une certaine énergie, le sentiment de la dignité humaine. La considération a plus de prix; on rougit davantage de trafiquer d'une charge aussi importante et honorable que la capacité électorale. Plus on remonte l'échelle du bien-être, plus cette disposition d'esprit augmente en force et en activité; car la considération est d'autant plus précieuse et l'affront qui revient d'une bassesse d'autant plus poignant, que votre position vous met davantage en évidence et vous enlève l'excuse bonne ou mauvaise de la nécessité, qui serait au moins le triste partage d'une grande partie des influences inférieures.

Certainement, l'indépendance de ceux qui ont un patrimoine représentée par 200 francs de contributions directes et au dessus, n'est pas parfaite; nous reconnaissons qu'elle ne peut jamais l'être chez l'homme. L'état de leur esprit n'est donc pas exactement celui de l'individu qui, libre dans ses déterminations, marche par lui-même à la poursuite du vrai, du juste, du bon; mais au moins ils réunissent en leur faveur les présomptions les plus fortes d'indépendance, relativement aux influences inférieures à ce chiffre jusqu'à zéro inclusivement ; car ces présomptions s'affaiblissent ou se fortifient dans la proportion de la substance de chacun. De plus, ces présomptions sont approximativement assez fortes ; car si l'indépendance n'est pas entière, elle a ce degré de force où non seulement il n'est pas permis de présumer ni cette condescendance pour un maître, ni cette propension à échanger un joug légitime contre un autre plus dur et véritablement ignominieux, offert par les passions, et qui sont le partage de la majeure partie des influences inférieures; mais même l'indépendance a atteint approximativement ce degré d'énergie, où il est presque impossible qu'elle ne s'indigne pas contre la plus légère apparence de propositions compromettantes du respect de soi-même et de la considération publique, devenue infiniment plus précieuse.

Si donc ceux qui ont un patrimoine représenté par 200 francs de contributions directes réunissent en leur faveur les présomptions les plus fortes d'indépendance relativement à ceux qui ont un moindre patrimoine jusqu'à zéro inclusivement; si de plus ces présomptions sont assez fortes pour rassurer la société contre le silence de la raison humaine ou l'inconvénient de l'entendre parler sous la dictée des mauvaises passions, nous sommes fondés à conclure régulièrement qu'ils doivent être, sous le rapport de l'indépendance comme sous celui de la bonne foi, les interprètes de la raison dans la détermition des droits et des devoirs de l'homme constitutive de la liberté, afin qu'elle atteigne toute son exactitude humainement possible.

L'indépendance croissant dans la mesure du bonheur matériel ainsi que la bonne foi, il serait rigoureusement logique d'appliquer aussi le principe de l'influence territoriale, industrielle ou commerciale dans la proportion de la substance de chacun, par rapport à l'indépendance comme par rapport à la bonne foi, au moyen de la proportion arithmétique physiquement possible dans la spéculation.

Mais les influences inférieures dont la limite commence approximativement au chiffre de 200 francs de contributions directes étant retranchées pour le bien social; l'inconvénient tiré de la tendance d'aristocratie et d'inégalité illégitimes, partage des sommités sociales ayant besoin d'être paralysée par l'influence régulière et bienfaisante des influences moyennes, cela a lieu par l'attribution égale d'influence depuis le chiffre de 200 francs jusqu'au chiffre le plus élevé. Nous renvoyons sur ce point aux réflexions déjà faites au chapitre de la bonne foi.

D'ailleurs, comme nous l'avons déjà dit, il importe au législateur d'atteindre son but avec la plus grande simplicité possible; or il l'est avec cette circonstance par l'attribution égale d'influence dont il s'agit; car au point de bonheur matériel représenté par le minimum de la garantie sociale, si l'indépendance et la bonne foi ne sont pas entières, elles sont au moins approximativement suffisantes.

La propriété renferme donc aussi, à des degrés différens, l'indépendance que la nature de l'homme, considéré abstractivement, ne permet pas de supposer en lui. S'il existe certains caractères individuels qui portent en soi l'indépendance, abstraction faite de toute circonstance extérieure de position sociale, le législateur, ne pouvant envisager l'homme que comme espèce et non comme individu, est obligé, tant pour l'indépendance que pour la bonne foi, de s'attacher au fait patent et permanent qui les fait présumer avec plus ou moins de force dans ceux qui le possèdent; or ce fait est incontestablement la propriété.

La même confusion de langage et d'idées que nous avons signalée vers la fin du chapitre précédent, porte aussi certains esprits à s'écrier inconsidérément, que tout le monde n'est pas libre en France, et que l'émancipation de ceux qui ne sont pas investis de la charge ou capacité électorale attachée au fait de la garantie politique, consiste dans la collation de l'exercice de cette charge, qu'ils s'opiniâtrent à appeler *droit*. Tandis qu'il existe entre ces deux choses la distance immense et incommensurable qu'il y a entre un fait variable à l'infini de sa nature et un principe immuable par essence.

S'ils veulent réellement et sincèrement l'émancipation de ces influences inférieures, retranchées pour le bien social; au lieu de demander qu'on leur confère ce qu'ils appellent improprement des droits, qu'ils crient à ces prétendus esclaves politiques : « Travaillez, soyez sobres, » vigilans; au lieu d'envier la position de bien-» être de vos frères, et de vouloir les abaisser » jusqu'à vous, montez jusqu'à eux par le travail, » en imitant leurs vertus et non pas leurs vices. » Vous pouvez espérer d'y parvenir; car la loi » sociale assure à tous également le fruit de leurs » œuvres; c'est là tout ce qu'on peut rigoureuse-» ment exiger d'elle, tandis que l'émancipation » que nous lui demandons inconsidérément pour » vous, elle ne peut vous la donner, parce » qu'elle ne peut être que votre ouvrage; qu'il » n'appartient qu'à vous de briser les liens dans » lesquels vous retiennent les besoins physiques » et les désirs que l'obstacle transforme en pas-» sions dangereuses; de les briser par le travail, » la sobriété, la vigilance. »

Voilà le langage qu'ils devraient tenir aux influences inférieures, ceux qui sont véritablement jaloux de leur émancipation et de leur bonheur; au lieu de les bercer follement d'espérances chimériques ou criminelles, devant être réalisées, disent-ils, par la collation de prétendus droits; tandis qu'en réalité, par l'indifférence, la malice ou la dépendance de la majeure partie de ces influences, cette collation n'entraînerait que la méconnaissance et la ruine des droits proprement dits, existant par eux-mêmes à l'état d'abstraction et de principe, indépendamment de toute intervention de loi humaine; nous voulons dire le droit sur la chose domptée par la fatigue, et pour la satisfaction des besoins, *la propriété !*... qui domine tout, parce qu'elle renferme tout ce qui constitue la vie de l'homme; excepté le génie et la vertu qu'il tient directement de la nature, et qui pour cela même sont distincts de sa vie, en ce sens que celle-ci consiste précisément dans l'exercice combiné de ces deux facultés, s'appliquant aux choses du monde physique ou moral avec l'intention légitime de l'homme de les approprier à ses besoins.

CHAPITRE IV.

DES LUMIÈRES.

Les lumières sont l'état d'esprit d'un individu qui connaît parfaitement la véritable valeur et la portée exacte des choses.

Nous sommes obligé de répéter ici ce que nous avons déjà dit plus d'une fois. Le regard du législateur ne pouvant pénétrer directement dans l'intimité des individus à l'égard desquels il dispose, il ne peut connaître l'état d'esprit de chacun, partant s'ils sont éclairés, s'ils ont appris à apprécier la véritable valeur et la portée exacte des choses.

D'où la conséquence encore qu'il n'a pour point de départ que cette même donnée abstraite de l'homme, tirée de l'étude de lui-même et des autres, déjà plus d'une fois signalée. Or cette donnée, c'est en général l'intelligence humaine plus ou moins bornée et obscurcie par la matière qui l'enveloppe; c'est l'homme rejetant aujourd'hui comme faux ce qu'il adoptait la veille comme vrai; c'est l'homme clairvoyant et aveugle, et dans la réalité beaucoup d'entre eux plus aveugles que clairvoyans. Tel est le point de départ du législateur, à défaut d'une intuition directe qui lui ferait connaître les clairvoyans, disons mieux, les moins aveugles.

Ici comme au cas de la bonne foi et de l'indépendance, il est évident, par identité de raison, que le législateur doit se méfier de l'homme considéré abstractivement, indépendamment de sa position sociale, et chercher quel est le fait permanent et saisissable qui fait présumer, à des degrés différens, les lumières, condition essentielle pour qu'une manifestation soit réputée appartenir à la raison et concourir légitimement à la détermination constitutive de la liberté.

Il nous paraît que ce fait en général est la propriété qui, renfermant toute la vie de l'homme, doit renfermer à différens degrés les lumières. C'est ce dernier point qu'il faut établir.

Pour développer son intelligence et apprendre à connaître la valeur véritable et la portée exacte des choses, il faut, en première ligne et nécessairement, des loisirs; en seconde ligne, et subsidiairement, des maîtres d'enseignement.

Pour avoir des loisirs, il faut avoir secoué le joug despotique des besoins matériels.

Pour avoir des maîtres d'enseignement, il faut une valeur de substance qui dépasse les exigences des besoins physiques afin de rétribuer ces maîtres.

Or, si nous remontons les degrés du bien-être

matériel depuis zéro jusqu'à la valeur représentée par 200 francs de contributions directes; nous trouvons à ce chiffre généralement et approximativement les besoins physiques satisfaits sans travail personnel trop absorbant; les exigences de ces besoins sont même dépassées, c'est-à-dire que nous rencontrons les loisirs et la possibilité de rétribuer les maîtres d'enseignement; or le désir de connaître si naturel à l'homme, accompagné de ces deux circonstances, le porte à développer son intelligence ou celle des siens; car lorsque nous parlons de l'homme, nous comprenons dans ce mot, comme on sait, toutes les portions de son individualité, auxquelles il transmet son bien-être et l'influence qui s'y attache.

Ainsi donc la valeur d'un fonds territorial, industriel ou commercial, représenté par 200 francs de contributions directes, fait présumer le développement de l'intelligence chez ceux qui en sont saisis; tandis que si nous descendons depuis ce chiffre jusqu'à zéro, nous trouvons proportionnellement les besoins physiques bien moins satisfaits avec un travail bien plus rigoureux; celui-ci absorbant tout le temps, ceux-là toute la substance; partant, au lieu d'une présomption de lumières, nous trouvons plutôt une présomption d'ignorance et de mort intellectuelle plus ou moins complètes.

Ce sont là approximativement les influences

inférieures qui agiraient en général sans motif d'action, au hasard, et que pour cette raison, jointe aux autres non moins puissantes déjà exprimées, il faut retrancher pour le bien social.

Tandis que, si d'un autre côté nous remontons depuis le chiffre de 200 francs de contributions directes jusqu'au chiffre le plus élevé, nous trouvons proportionnellement plus de loisirs, plus d'excédant de substance, partant un développement d'intelligence plus complet. Et s'il est vrai qu'on voie quelquefois des familles opulentes, ou plutôt certains membres de ces familles, négliger pour les plaisirs la culture de leurs facultés mentales; en sorte que pour eux la proportion de substance et de développement intellectuel n'existe pas; au moins est-il certain que, soit pendant le calme qui précède la naissance des passions entraînantes, soit par la fréquentation habituelle des gens lettrés, ils ont atteint ce point de vie intellectuelle qu'atteignent tout juste ceux qui n'ont qu'une valeur représentée par 200 francs de contributions directes.

D'ailleurs le nombre de ces personnages étant très-peu nombreux, nous regrettons presque notre observation; la masse des influences au dessus de 200 francs, poursuit ardemment le perfectionnement intellectuel et moral. Convenons cependant que les lumières ne sont pas en général en rapport aussi parfait avec la substance de chacun que la bonne foi et l'indépendance, par la raison que les influences moyennes avec le désir naturel à l'homme de connaître, poursuivant le développement intellectuel et moral, dans le but d'accroître leur bien-être de fortune et de considération, vont plus loin dans cette carrière que certaines sommités sociales qui n'ont pas un stimulant aussi actif avec des ardeurs plus vives pour le plaisir et la dissipation; en sorte que pour ce qui concerne les lumières, il ne serait pas rigoureusement logique d'appliquer le principe de l'influence territoriale, industrielle ou commerciale dans la proportion de la valeur que chacun en possède.

Cette réflexion, jointe à la tendance d'aristocratie illégitime des sommités sociales déjà signalée, et qu'il est bon de neutraliser pour le bien public, justifie donc parfaitement sous le rapport des lumières l'attribution égale d'influence depuis le chiffre de 200 francs jusqu'au chiffre le plus élevé, justification qui existe aussi pour la bonne foi et l'indépendance.

Concluons maintenant.

Il serait souverainement absurde de prétendre que ceux qui ont un patrimoine représenté par 200 francs de contributions directes soient parfaitement éclairés (1), connaissent parfaitement

(1) Ceux qui trouveraient trop peu de développement intellectuel chez les électeurs à 200 francs, n'auraient

la valeur véritable et la portée exacte des choses; cela n'appartient qu'à Dieu seul; mais au moins ils réunissent généralement en leur faveur les présomptions les plus fortes d'esprits éclairés relativement à ceux qui ont un moindre patrimoine jusqu'à zéro inclusivement; car à ce chiffre de bien-être approximativement l'ignorance n'étouffe pas le flambeau de la raison au même dégré que chez les influences inférieures où les préoccupations matérielles absorbent généralement tout le temps et toute l'énergie.

De plus, ces présomptions sont assez fortes, car la délivrance des besoins physiques et du travail corporel développe le désir de connaître, qui joint au penchant d'amélioration et à l'amour de la considération qui sont dans la nature de l'homme, le porte à développer son intelligence.

Nous sommes donc autorisé à conclure que ceux qui ont une valeur territoriale, industrielle ou commerciale représentée par 200 francs de contributions directes, doivent être, sous le rapport des lumières comme sous ceux de la bonne foi et de l'indépendance, à défaut de la divinité, les interprètes de la raison dans la détermination constitutive de la liberté.

Outre le développement d'intelligence que fait

qu'à demander l'élévation du cens, ils en trouveraient davantage.

présumer la valeur de bien-être représentée par 200 francs de contributions directes, elle atteste aussi chez ceux qui la possèdent une certaine capacité intellectuelle indépendante de toute culture ; en effet, ou ils ont acquis par eux-mêmes, ou ils tiennent d'un autre par succession ou autrement ; dans le premier cas, il a fallu de l'intelligence pour acquérir ; dans le second, il en faut pour conserver. Certainement il s'en faut que cela fasse présumer un génie transcendant ; mais aussi c'est loin de l'exclure ; et, s'il arrive qu'un esprit éminemment supérieur joignant à cette qualité celle de la sobriété et de la vigilance, naisse dans la pauvreté, nous disons qu'au milieu de notre mouvement industriel et commercial actuel, il aura bientôt acquis cette valeur de bien-être qui, en le mettant au dessus des besoins physiques, garantira sa bonne foi, son indépendance, et le mettra en possession de l'influence sociale afin qu'il prenne une part dans la direction de la chose publique.

Ceci répond à l'argument de ceux qui, jugeant et condamnant toutes choses sans approfondir rien, disent que sous notre régime représentatif Jean-Jacques Rousseau n'aurait pas été électeur, que par conséquent il n'est pas tolérable.

Exécrables penseurs ! vous ignorez que le législateur ne connaissant pas, ne pouvant pas connaître directement les individus à l'égard desquels il dispose, afin de conférer l'exercice de l'influence sociale aux plus capables et aux plus dignes, est obligé de chercher quel est le fait palpable et permanent qui fait présumer les plus capables et les plus dignes ; et que, n'ayant pour point de départ que la connaissance abstraite de l'homme, il ne peut le considérer que comme espèce et non comme individu.

Pitoyables logiciens ! parce qu'il se rencontre dans la foule un génie supérieur pauvre, comme il n'en apparaît pas deux dans chaque siècle, vous voulez que la seule qualité d'homme suffise pour attribuer l'influence sociale, afin qu'elle arrive immanquablement aux mains de ce génie isolé dans un siècle, au risque de la conférer en même temps à cette masse d'hommes ignorans, indifférens, malicieux ou dépendans qui composent la majeure partie des influences inférieures.

Au surplus, J.-J. Rousseau tel qu'il s'est fait connaître à nous, n'aurait pu être qu'un électeur très-dangereux ; car rien en lui ne pouvait rassurer la société contre la malice d'un homme qui, dans les convulsions délirantes de son malaise matériel, écrivait textuellement que « *dans le fait, les lois sont toujours utiles à ceux qui possèdent, et nuisibles à ceux qui n'ont rien* ; » or, il n'avait rien ; aussi n'exhalait-il que des blasphémes contre la propriété : lui attribuant tout le mal qu'il voyait dans le monde, sans reconnaître en même temps qu'elle a incontestablement été la source de tout le bien qu'on y voit. Semblable à ces esprits inquiets et inconséquens qui, pour remédier aux inconvéniens inséparables de toute institution, veulent la détruire, quelque bienfaisante qu'elle soit d'ailleurs en elle-même, J.-J. Rousseau aurait probablement opiné pour l'abolition de la propriété, afin d'empêcher les inconvéniens qu'il y voyait, à travers le prisme de sa misère, pour le bonheur de l'humanité.

Quoi qu'il en soit, si J.-J. Rousseau n'eût pas été électeur sous notre régime représentatif, outre qu'il aurait pu fort bien le devenir avec de l'ordre et de l'activité; il aurait toujours eu l'influence morale dépassant de beaucoup en puissance celle qui ne consiste que dans un vote positif, mais silencieux.

Ceci nous mène à rechercher ce que valent les lumières en matière d'influence politique, considérées isolément de la double garantie de bonne foi et d'indépendance.

Le législateur de 1831 a jugé que les lumières ou développement d'intelligence que fait présumer la qualité de membre ou de correspondant de l'Institut valait la moitié de la valeur de la garantie sociale. Sur quel fondement? (1) est-ce

(1) Nous éprouvons le besoin de protester de notre respect pour MM. les membres et correspondans de l'Institut, ainsi que pour MM. les officiers de terre ou de mer dont nous parlerons dans un instant; nous voulons seule-

que le membre ou correspondant de l'Institut ayant un patrimoine représenté par 100 francs de contributions directes, a plus de bonne foi, c'est-à-dire moins d'indifférence ou moins de malice, ou plus d'indépendance que tout autre citoyen ayant la même valeur de patrimoine?

Plus de bonne foi : — La vertu qui n'est autre chose ici que l'amour de la justice, est-elle la compagne inséparable des lumières? l'expérience, d'accord en cela avec nos grands moralistes, nous apprend chaque jour qu'il n'en est pas ainsi.

Les lumières diminuent-elles l'empire des besoins physiques, de telle sorte que celui qui est présumé les posséder ait plus de bien-être, soit moins assujetti au travail avec un patrimoine représenté par 100 francs de contributions directes, que celui qui n'est pas présumé les posséder avec le même patrimoine? bien loin de là : les lumières, entraînant avec elles le développement du goût et de l'imagination, rendent plus despotiques et plus exigeans les besoins matériels. Il faut une demeure plus commode, mieux décorée, plus décente, selon le langage du monde; une table mieux servie; plus de recherche et de propreté dans le vêtement; en un mot des plaisirs plus délicats et par conséquent plus coûteux.

ment établir ici que, puisque l'on abaissait le cens à leur égard, il n'y avait pas de raison pour ne pas en faire autant à l'égard de tout autre citoyen.

D'où il résulte que la position est moins tenable avec les lumières et un patrimoine représenté par 100 francs de contributions directes, qu'avec le même patrimoine sans les lumières; nous disons plus, elle n'est pas tenable; dans les grandes villes surtout, où la convoitise est constamment allumée par le spectacle de toutes les jouissances physiques et intellectuelles les plus exquises. C'est un homme dévoré de faim et de soif, devant lequel sont étalés les mets les plus excitans et les liqueurs les plus enivrantes, avec la défense expresse d'y toucher.

Quelle apparence qu'il soit tellement jaloux de sa position, qu'il défende ardemment la puissance chargée de mettre une barrière entre lui et ces choses, jusqu'à ce qu'il la renverse légitimement par de longs et pénibles labeurs? de là beaucoup d'indifférence pour la chose publique.

Quelle apparence qu'il soit tellement enchanté de sa position, qu'il n'envie pas ardemment celle de ceux qui sont en possession de ces choses dont l'aspect le subjugue et le terrasse? de là beaucoup de malice.

Tandis que celui qui, sans avoir les mêmes lumières, a le même patrimoine, qu'il exploite par lui-même probablement avec des besoins moins étendus, des désirs moins impérieux, a plus de bien-être, moins d'envie, partant moins d'indifférence, moins de malice, plus de bonne foi.

Plus d'indépendance : — ce point-ci est décidé par ce qui précède ; car celui qui est présumé posséder les lumières avec un patrimoine représenté par 100 francs de contributions directes, ayant moins de bien-être parce qu'il a des besoins et des désirs plus étendus et plus violens, que celui qui n'a pas les mêmes lumières avec le même patrimoine, il s'ensuit qu'il est encore plus dépendant que celui-ci, car il offre plus de prise aux séductions des intrigans ambitieux.

Il n'y aurait qu'une chose qui pourrait donner plus de bonne foi et d'indépendance aux membres et aux correspondans de l'institut qu'à tous autres ; ce serait la vertu, c'est-à-dire cette volonté ferme, constante, inébranlable qui poursuit l'accomplissement du juste et du bien au péril même de la vie ; or la vertu, patrimoine des âmes fortes, nous l'avons déjà dit, n'est pas la compagne inséparable des lumières. Celles ci consistent dans les vues plus ou moins étendues de l'esprit; celle-là consiste dans les inspirations plus ou moinsnobles du cœur ; l'un voit plus ou moins loin, l'autre s'élève plus ou moins haut, sans qu'il y ait de liaison nécessaire dans leur action respective.

Mirabeau possédait les lumières et non la vertu ; lui qui violait les droits de l'hospitalité ; qui vendait son influence à la cour pour alimenter ses vices ; tandis qu'on rencontre des hommes d'un esprit sans culture donnant l'exemple d'une vertu constante et éprouvée.

Si donc les membres ou les correspondans de l'institut sont présumés avec raison posséder les lumières, la vertu ne leur appartient pas plus qu'à tout autre et ne garantit pas davantage leur bonne foi et leur indépendance que celle des autres citoyens.

De ce que nous venons de dire, il résulte que les membres et les correspondans de l'Institut avec un patrimoine représenté par 100 francs de contributions directes, ayant positivement moins de garantie de bonne foi et d'indépendance (1) que tout autre citoyen possédant et exploitant la même valeur de patrimoine, sans les mêmes lumières, il résulte, disons-nous, que lorsque le législateur de 1831 a compté leur qualité pour la moitié de la garantie sociale de droit commun, il a plutôt agi à contre-sens que conformément à la raison, à la nature des choses, c'est-à-dire, en cette matière, à la nature de la loi dont le but essentiel est d'assurer à chacun le fruit de son travail, la propriété, qui pour cela même est la seule garantie appropriée à ce but; tandis que les lumières (2), considérées isolément ne sont

(1) Nous comprenons la dureté et la hardiesse qu'il y a à exprimer de pareilles choses ; mais elles sont vraies : qu'y faire?

(2) Comment, dira-t-on, les lumières isolées ne valent rien en matière politique! Voyez un tel qui ne possédait rien et qui s'est élevé au rôle le plus éminent en cette ma-

absolument qu'une garantie appropriée aux choses que nous avons nommément indiquées au chapitre de la bonne foi où nous renvoyons.

Il est évident que ce que nous venons de dire s'applique à toutes les catégories d'individus dont la qualité ou les fonctions feraient présumer les lumières, et non la bonne foi et l'indépendance, qui ne peuvent reposer, aux yeux du législateur, que sur un fonds apparent assez considérable pour faire taire les besoins de première nécessité; car nous ne saurions trop le répéter, le législateur ne voit pas ne peut pas voir les individus. S'il voit des catégories telles que celles des membres et des correspondans de l'Institut, des avocats, des médecins, des littérateurs, des artistes, qui sous le rapport intellectuel présentent des garanties suffisantes, sous le rapport moral et social, ces mêmes catégories ne présentent pas plus de garantie que l'humanité considérée abstractivement, parce que les individus

tière? Objection vraiment stupide qui démontre que ceux qui la font ne savent pas que le législateur ne voit les hommes qu'*à priori*, abstractivement; tandis que celui qui s'élève par ses seules lumières n'étant qu'une individualité, frappant directement et personnellement tous les regards, et pouvant être jugé par tout le monde, ne saurait servir de base au législateur pour attribuer l'influence politique à tous ceux qui possèdent isolément les lumières, parce que, pour un individu de cette catégorie qui fait de bonnes et grandes choses, cent autres pourraient en faire de mauvaises et de détestables.

qui les composent participent toujours de la nature de l'homme, à la fois bonne et mauvaise.

C'est pourquoi tant que ces catégories ou les individus qui les composent considérés abstractivement, quel que soit le développement de leur intelligence, n'auront pas un fonds apparent assez considérable pour les mettre approximativement à l'abri des tourmens des besoins matériels, ils ne pourront jamais, sous le rapport de la bonne foi et de l'indépendance, présenter aux yeux du législateur, qui ne les voit que d'une manière abstraite, une garantie plus rassurante que tous autres citoyens placés dans la même position de malaise. Qu'ils acquièrent puisqu'ils sont intelligens, et le législateur ne se méfiera plus de leur indifférence, de leur malice ou de leur dépendance !

Le talent, dit-on, est un patrimoine. Sans doute, dans ce sens métonymique qu'il peut concourir avec d'autres qualités morales à l'acquisition d'un patrimoine proprement dit, réel et effectif, consistant dans un fonds permanent et transmissible; car du reste il serait ridicule de faire observer que le talent n'est pas par lui-même un aliment nutritif, non plus que toutes les autres qualités morales, telles que le travail, l'ordre, l'activité, dont on peut dire aussi dans le même sens qu'elles sont un patrimoine.

Mais où est le talent? il n'est pas dans les catégories considérées abstractivement; il est dans quelques individus faisant partie de ces catégories; or le législateur ne peut pas aller les prendre nommément à mesure qu'ils surgissent pour les investir de la charge électorale. Ce serait un travail d'appréciation incessant qui ouvrirait à l'arbitraire le champ le plus vaste et le plus déplorable par les jalousies et les intrigues qu'il fomenterait. C'est bien plutôt au talent, s'il est vrai, à prouver son existence par l'acquisition du patrimoine apparent et effectif qui attribue virtuellement l'influence sociale, indépendamment de toute intervention arbitraire autre que celle indispensable pour en déterminer la valeur.

Mais pour atteindre ce but, il faut que le talent soit accompagné d'autres qualités morales, l'ordre et l'activité; s'il en est dépourvu et qu'il dévore jour par jour en folles joies toute la substance qu'il acquiert, c'est le citoyen le plus exécrable et le protecteur le plus dangereux des droits de tous.

Ecrivain, orateur ou poète, autant pour remplacer cette satisfaction intérieure qui accompagne une vie active et ordonnée, que pour combler l'abîme d'ennui creusé dans son cœur par les bruyantes orgies, il recherche les applaudissemens de la foule envieuse en flattant ses brutales passions qu'il décore des noms sacrés de droits et de liberté. Vil saltimbanque! aujourd'hui vous êtes à la multitude, demain vous vous vendrez au tyran si elle en fait un, car c'est elle seule qui les engendre ; lisez l'histoire, intrigant, lisez l'histoire (1) !!! Avant de parler de droits, acquérez en sur quelque chose de palpable et de permanent, par l'exercice légitime de vos facultés ; avant de parler de liberté, délivrez-vous de l'esclavage des passions !

Nous convenons que les officiers des armes de terre ou de mer, jouissant d'une pension de retraite de 1,200 francs au moins et justifiant d'un domicile réel de trois ans dans l'arrondissement électoral, avec un patrimoine représenté par 100 francs de contributions directes, offrent plus de garantie, sous le rapport de la bonne foi et de l'indépendance, sinon sous celui des lumières, que les membres et les correspondans de l'institut avec la même valeur de patrimoine; autant parce que l'âge, les fatigues de la guerre, peuvent avoir affaibli l'empire de leurs passions, les avoir rendus amoureux du repos, que parce que la pension dont ils jouissent concourt à les mettre au dessus des besoins physiques, ce qu'on ne trouve pas au même degré nécessairement, chez les membres et correspondans de l'Institut qui n'ont que la valeur de patrimoine énoncée ci-dessus.

(1) Périclès, César, Cromwell, Robespierre, etc. Les tyrans surgissent du sein de la multitude avec ou sans le fer ; le peuple et la liberté peuvent seuls enfanter les rois. Sur la différence qui existe entre une multitude et un peuple, voir Puffendorf, liv. VII, chap. II, § 14.

Mais nous disons qu'ils n'ont pas plus de garantie de bonne foi et d'indépendance que la généralité de ceux qui ont la même valeur de patrimoine, représentée par 100 francs de contributions directes, parce que si, d'un côté, leur position personnelle de bien-être les recommande; d'un autre côté l'état précaire qu'ils prévoient devoir être le partage de leurs descendans après leur décès, les agite, les préoccupe; d'autant plus qu'ils savent que les habitudes d'aisance et l'éducation qu'ils leur donnent pendant leur vie, les rendront d'autant plus pauvres après leur mort. Tandis que la généralité de ceux qui ont la même valeur de patrimoine, sans la même position du bien-être personnel, donnant à leur famille des habitudes plus modestes, une éducation moins étendue et, en outre, ordinairement un état immédiatement productif, n'ont pas les mêmes préoccupations plus ou moins destructives de la bonne foi et de l'indépendance, par le désir ardent de les voir cesser.

Ainsi donc, tout bien pesé, les officiers des armes de terre ou de mer dont il s'agit, ne présentent pas plus de garantie, sous le double rapport déjà énoncé, que tous les autres ayant le même patrimoine effectif sans le même bien-être personnel.

Il n'y avait, par conséquent, pas lieu d'abaisser exceptionnellement à leur égard le cens électoral; car s'ils sont présumés, avec raison, avoir plus de lumières que ceux auxquels nous les comparons, ils manquent comme eux au même degré des deux autres conditions essentielles, afin qu'une manifestation soit réputée appartenir à la raison, ce qui suffit pour les faire exclure de la charge électorale, puisque les trois conditions sont inséparables parce qu'elles sont essentielles.

Cette dernière réflexion s'applique également aux membres et correspondans de l'institut qui sont présumés avoir les lumières, et non plus de bonne foi et d'indépendance, si ce n'est moins, que tous autres ayant autant de valeur patrimoniale qu'eux.

En vertu des précédentes observations, nous sommes fondé à conclure que lorsque le législateur de 1831 a compté la qualité d'officier des armes de terre ou de mer jouissant d'une pension de 1200 francs au moins et justifiant d'un domicile réel de trois ans dans l'arrondissement électoral pour la moitié de la garantie sociale, il a agi sinon à contre-sens, au moins sans raison, sans consulter la nature des choses; c'est-à dire en cette matière la nature de la loi, dont le but essentiel est la protection de la propriété, qui pour cela même est la seule garantie appropriée à ce but; tandis que celle présentée par la qualité d'officier des armes de terre ou de mer considérée isolément de toute autre circonstance que celles énoncées par le législateur de 1831, n'est appropriée qu'aux choses déjà nommément indiquées au chapitre de la bonne foi où nous renvoyons.

Quant au fermier et au colon de domaine congéable qui en cette qualité peuvent se prévaloir d'une partie des contributions payées par le propriétaire pour composer le cens électoral, nous n'apercevons pas les raisons qui ont pu dicter une pareille disposition à leur égard.

Leur qualité ne les délivre pas plus du joug des besoins physiques et du travail que tout autre; la fatigue murmure autant chez eux que chez tout autre ; l'envie crie aussi fort chez eux que chez tout autre ; ils n'ont pas plus de loisir que tout autre pour s'éclairer davantage, d'où il suit que, considérés abstractivement, ils ne présentent pas plus de garantie sociale sous le triple rapport de la bonne foi, de l'indépendance et des lumières, que la généralité des citoyens.

La disposition qui les concerne ne repose donc sur aucun fondement raisonnable, et crée conséquemment une influence qui ne repose absolument sur rien de social; d'autant plus qu'elle peut servir de moyen à l'aventurier sans aveu, sans foyer, sans patrie, pour se constituer électeur et s'attribuer l'influence sociale avec plus ou moins de facilité.

Maintenant que nous avons déterminé ce que

valent les lumières (1) en matière d'influence politique considérées isolément de la double garantie de bonne foi et d'indépendance, répétons plus hardiment que nous ne l'avons exprimé au chapitre de la bonne foi, que la loi de 1831 contient des dispositions essentiellement compromettantes de la société, en introduisant des influences qui, si elles ne sont pas elles-mêmes directement, par leur propre action, subversives et désorganisatrices, le deviennent d'une manière indirecte et en expectative, en laissant croire aux esprits qu'il existe d'autres principes civilement sociaux, d'autres bases rationnelles d'influence politique, que la propriété territoriale, industrielle ou commerciale.

A ces mots de *propriété seul principe social*, nous entendons les cris d'indignation et de fureur frénétiques poussés par les passions aveugles ou envieuses; nous voyons leurs regards insultans ou meurtriers : mais à quelque degré

(1) Un homme se présente à vous pour vous emprunter une partie de votre fortune; vous ne le connaissez pas personnellement davantage que le législateur ne connaît ceux à qui il confère la charge électorale : il n'a rien; mais il vous présente des titres qui prouvent authentiquement qu'il a reçu un grand développement d'intelligence : vous ne livrerez pas le patrimoine de vos enfants aux mains de cet homme, quelque démocrate que vous soyez. Or, la charge électorale est l'exercice d'une portion de la puissance publique qui veille sur la fortune de tous, et qui en dispose : concluez.

d'exaltation qu'elles puissent parvenir, si nous étions l'objet de leurs attaques, nous n'en serions peut-être pas intimidé, car nous nous efforçons de marcher avec l'assistance et sous l'inspiration de Dieu, source de vérité, de justice, de vertu, triple élément constitutif de la force!

Hommes aveugles! vous méconnaissez l'influence légitime de la propriété, et vous la poursuivez avec ardeur, car c'est la vie. Hommes envieux! vous blasphémez contre l'influence légitime de la propriété, et vous la convoitez avec rage, car c'est la vie; oui c'est la vie, toute la vie! Vous périssez presque en naissant, si une substance nutritive, produit des sueurs paternelles, ne vient alimenter votre corps frêle et impuissant; vous restez perpétuellement dans la mort intellectuelle et morale, si une substance nutritive assez abondante, amassée ou conservée par les sueurs et la sagesse paternelles, ne vient vous placer plus ou moins au dessus des préoccupations matérielles; sans la propriété, le travail consolant destitué d'attrait ne vous protége plus contre le temps, cet ennemi qu'il faut toujours combattre et qui, s'il n'est vaincu, pèse mortellement sur votre existence.

Ingrats! vous méconnaissez la vie, parce que la possession vous en a fait oublier le prix; vous vous révoltez contre elle, parce que vous n'en trouvez pas assez en votre puissance. Lorsque l'aveuglement des uns et l'envie des autres l'auront renversée, les aveugles trouveront la mort au lieu de la vie qu'ils possédaient; les envieux en auront une part plus grande, mais inutile, car avant qu'elle puisse refleurir dans leurs mains, elle s'y flétrira.

C'est ainsi que les inspirations sacriléges de l'orgueil et les fureurs criminelles de l'envie seront expiées ; tandis que les prévisions stupides de ce qu'on appelle dédaigneusement les esprits étroits, et les craintes pusillanimes de ce qu'on appelle belliqueusement les esprits timides, recevront une épouvantable justification !...

CHAPITRE V.

CONCLUSION GÉNÉRALE.

Les interprètes de la raison, afin que la détermination des droits et des devoirs de l'homme, constitutive de la liberté, atteigne toute son exactitude humainement possible, devront être ceux qui sont en possession d'un fonds territorial, industriel ou commercial, assez considérable pour satisfaire aux besoins physiques sans travail personnel trop rigoureux, sans absorption complète de temps ; parce qu'ils réunissent en leur faveur, relativement à ceux qui ont un moindre patrimoine, les présomptions les plus fortes de bonne foi, d'indépendance et d'esprits éclairés, et que ces présomptions sont approximativement assez fortes, surtout si l'on considère qu'aucun autre fait matériel permanent n'atteste, aux yeux du législateur, la réunion et l'existence à un si haut degré chez le même individu de ces trois élémens essentiels, afin qu'une manifestation soit réputée appartenir à la raison, qui s'égare sans la bonne foi, se tait sans l'indépendance, est dans le néant avec l'ignorance. Or, ce patrimoine, dans l'état actuel de notre bien-être matériel, c'est approximativement celui représenté par 200 francs de contributions directes et au dessus.

Ils exerceront donc cette mission d'interprétation par eux-mêmes ou par des représentans, non pas à titre de droit transmissible attaché à leur personne, mais à titre de charge attachée au fait de la garantie sociale dont ils sont en possession; charge qui tombera ou se maintiendra avec le fait qui la soutient; tandis que le droit, proprement dit, ne peut tomber légitimement que par la volonté directe ou présumée, mais positive de celui qui en est investi : ce qui achève de confirmer et de faire ressortir encore mieux la distinction rationnelle qui existe entre le droit proprement dit et la charge électorale incessible de sa nature, à laquelle on ne peut renoncer directement ni être présumé renoncer positivement, à la différence du droit essentiellement susceptible de transmission et de répudiation soit directes ou présumées, mais positives.

Ils exerceront, si l'on veut, une portion de la souveraineté effective, afin d'assurer autant que possible le règne de la souveraineté du droit ou de la raison, source unique de la liberté; car en matière politique comme en matière privée, tout ce qui est en dehors de la raison, de l'ordre établi par Dieu, en dehors de la justice qui donne à chacun ce qui lui appartient, tout cela est arbitraire, despotique, attentatoire à la liberté sacrée de l'homme, de quelque autorité que cela émane, soit de l'autorité d'un seul, soit de plusieurs, soit du plus grand nombre, soit de l'unanimité des citoyens.

Nier cette vérité, nous le répétons, c'est nier Dieu, en subordonnant sa justice immuable à la volonté changeante et capricieuse de l'homme.

La raison, la justice, voilà donc les véritables souverains de droit (1); les plus capables d'assurer le règne de cette souveraineté la seule légitime, dans sa perfection possible la plus étendue, et qui sont présumés en général l'être assez par la garantie de leur position de bien-être social, seront les souverains de fait; concurremment avec cette assemblée imposante que l'histoire nous montre sous des noms différens chez tous les peuples, qui, traçant un long sillon dans les siècles, ont parcouru le cercle de la perfectibilité humaine; ici sous le nom d'aréopage, là sous celui d'archontes, ailleurs sous le titre encore plus auguste de sénat; conseil vénérable où vont s'asseoir successivement à côté de l'âge et de l'expérience toutes les illustrations de la patrie; qui pèse dans le calme de sa conscience et dans la

(1) Si l'on dit que la nation est souveraine, il faut absolument que la détermination de la loi émane du concours effectif de tous les citoyens; si l'on dit, au contraire, que la raison est souveraine, il faut que cette détermination émane de la délibération des capables, des sages de la nation. Voilà la logique; on ne peut pas sortir de là; il n'y a pas de milieu possible.

gravité de ses délibérations l'œuvre législative encore palpitante des agitations tumultueuses d'une autre enceinte; pouvoir social dont les racines, à la vérité, ne sont pas directement plantées dans l'élection, trop souvent brutale, capricieuse ou intéressée, mais qu'une haute sagesse donne au pays comme une lumière qui lui appartient; tribunal auguste où la justice, à la fois ferme et modérée, siége dans toute la splendeur de sa dignité; effaçant chaque jour par de nouveaux bienfaits le nuage grossi par les passions haineuses qui dans un temps de tempête et d'orage a pu ternir un instant l'éclat de son berceau.

Cette souveraineté de fait s'exercera aussi avec le concours salutaire de la famille, que sa position et les circonstances, bien plus directement encore que le choix du peuple, auront mise en possession du sceptre, et assise sur le trône comme un symbole vivant de justice.

Toutes les mauvaises passions qu'enfantent l'orgueil et la cupidité des hommes, viendront se briser, comme des vagues orageuses mais impuissantes, contre les marches inébranbles du trône.

Le sceptre étendra sa protection sur les misères particulières, sur les arts, sur les sciences, sur l'industrie; il l'étendra surtout, avec toute l'énergie de sa bienfaisance, sur les discordes des partis qui viendront apaiser leur colère et s'embrasser sous son ombre réconciliatrice. Oh! le

Français qui n'avouerait pas ces choses, en divorçant avec la vérité, aurait fait un pacte sacrilége avec l'ingratitude et le mensonge!

Arrêtons-nous un instant pour considérer, de sang-froid, la véritable position logique vis-à-vis de la royauté, de la pairie, et même de la chambre des députés, de ceux qui, comme M. Barrot, prétendent concilier la souveraineté nationale avec le maintien de nos institutions actuelles.

La nation est souveraine en droit et en fait. — En droit, c'est une monstruosité, c'est détrôner Dieu, la raison; — en fait, c'est un mensonge, puisqu'il n'est pas même un seul de nos pouvoirs sociaux qui découle directement du concours effectif de tous les citoyens composant la nation, être moral et indivisible. Mais voici ce qui va arriver : c'est que la chambre des Députés, prenant sa source, elle seule, dans le vote immédiat et positif d'une partie de la nation, dévorera, si elle ne l'a déjà fait, les deux autres branches du gouvernement représentatif qui n'ont pas directement la même origine effective.

Voilà la conséquence logique et inévitable de la souveraineté nationale; c'est la ruine non moins certaine que complète de la royauté, de la pairie, opérée par la chambre des Députés, et à son profit; à son profit!...quelle erreur grossière! disons mieux, à son grand détriment et à celui de la France; car la chambre des Députés, une fois seule, comme toute volonté humaine destituée de contrôle, soit par erreur, soit par passion, s'égarera infailliblement; et, au lieu de décréter la raison, décrétant l'arbitraire, elle sera impuissante pour la vie et pour la liberté sociales, et toute-puissante pour la mort et pour le despotisme politiques; en un mot, l'image exacte de la Convention, d'heureuse mémoire.

Tel est l'avenir que prépare au pays la souveraineté nationale professée par M. Barrot. M. Barrot! c'est incontestablement l'homme politique le plus dangereux de notre époque! parce qu'à force de talent et de probité, donnant à son opposition qui, au fond, repose sur le même néant de doctrine que l'opposition la plus radicale, une couleur de modération, de prudence et même de raison, il entraîne ces esprits beaucoup trop nombreux qui, ne sachant pas bien ce qu'ils veulent, craignent par-dessus tout de paraître prêter au gouvernement de la société, l'ombre même d'un appui trop utile : influences flottantes et pusillanimes; véritable superfétation qui surcharge inutilement le char de l'État, dont elle entrave incessamment la marche, quelque normale et régulière qu'elle soit, en même temps qu'elle prête un secours involontaire, mais non moins positif, à ses ennemis les plus dangereux. Êtres douteux et amphibies ; mélange d'orgueil et de prudence; voulant la monarchie sans monarque (1); la république sans république;

(1) Ils veulent que la part de la royauté soit limitée à

l'ordre avec le désordre; moitié anges, moitié démons; poursuivant une image fantastique sans figure, sans précédent, sans réalité comme sans nom!... Encore une fois, voilà M. Barrot!... Nous le disons hautement : il doit assumer sur sa tête presque toute la responsabilité de la plaie qui dévore nos institutions!

Après avoir signalé le mal, indiquons-en le remède.

Il faudrait que la royauté et la pairie portassent en elles une puissance virtuelle, indépendante de celle de la chambre des Députés. La royauté l'aurait, si le chef de la maison d'Orléans avait dit, en 1830, ou si une réaction morale et salutaire lui permettait de dire aujourd'hui : « Je ne veux, je ne dois, je ne puis être que le roi des barricades, élevées aux cris de : Vive la Charte de Louis XVIII! et non pas le roi des attentats législatifs consommés au nom du blasphème de la souveraineté nationale! Il ne faut pas à la pensée d'ordre de juillet substituer une pensée de désordre! Je ne peux accepter ou conserver la couronne qu'au nom sacré de Dieu et dans l'intérêt sacré du peuple, et non pas au nom de la souveraineté de ce peuple qui, à chaque instant,

choisir des ministres selon le vœu exclusif de la majorité de la Chambre des Députés, qui parfois n'a pas même de majorité; mais alors il suffisait de laisser asseoir sur le trône un laquais, au lieu du premier propriétaire de France! Ce sont des orgueilleux et des brouillons.

serait fondé à m'en dessaisir, en vertu du même titre, par un simple acte de sa volonté brutale, capricieuse ou perverse, trompeusement et sacrilégement qualifiée de suprême! »

Si la pairie ne trouvait pas un assez haut degré de puissance virtuelle dans l'inamovibilité, il faudrait recourir à un autre moyen connu.

Alors s'arrêterait la dislocation imminente et toujours croissante de notre machine sociale, si belle, si rationnelle, qu'on en trouve le germe et l'image chez tous les peuples qui sont réputés avoir compris la liberté politique; où toujours le pouvoir législatif se divise en trois influences distinctes (1), pesant séparément et librement tout ce qui intéresse la chose publique, afin d'être sûr, autant que possible, de marcher avec la raison, qui seule conduit au bonheur les peuples et les familles!...

En France surtout, combien cette triple délibération est indispensable! Que voulez-vous qu'il sorte d'une assemblée d'hommes partis de tous les points de notre immense territoire, abandonnée à sa seule direction, surtout si l'on veut qu'elle aille prendre sa source jusque dans les régions les plus sombres et les plus infimes de l'existence so-

(1) En Crète: *les Cosmes;* le sénat ou conseil public; l'assemblée des hommes libres. A Athènes: l'aréopage; le conseil des quatre cents; l'assemblée des hommes libres. A Sparte: les rois; les archontes; les éphores. A Rome: les consuls, le sénat, les tribuns.

ciale? De cette composition hétérogène, de ce choc matériel et permanent d'intérêts en opposition directe et géographique, que voulez-vous qu'il sorte? — Rien, qu'un déchirement perpétuel, ruineux pour tous, profitable à aucun.

Il faut donc qu'une autre assemblée presqu'en dehors de ce tourbillon orageux et incessant par la haute position sociale de ceux qui la composent, vienne se placer à côté de la première avec une puissance d'action qui lui appartienne.

Il faut surtout qu'une pensée éminente, planant, comme Dieu même, tout-à-fait en dehors et au dessus de l'orbite des tribulations ordinaires de l'humanité, s'interpose librement comme une lumière vive, dépouillée de tout mélange d'intérêt mondain.

La Chambre des députés, qui fait entendre les plaintes sacrées d'en-bas et de tous les points du royaume; la Chambre des pairs qui les vérifie et les concilie entre elles ainsi qu'avec les intérêts non moins sacrés d'en-haut; le roi qui les recueille et qui, d'un seul regard, embrasse toutes les misères de son point de vue élevé et sublime!

Triple élément du gouvernement représentatif, qui neconsiste pas précisément comme beaucoup trop de monde le croit, pour le malheur de la France, dans la représentation de la volonté matériellement exprimée par un vote muet, trop souvent, nous le répétons, le fruit de l'intrigue, de la brutalité, du caprice ou de l'intérêt personnel, mais bien qui consiste uniquement dans la représentation des droits, des intérêts de tous, de la raison, non pas nationale, mais universelle, qui se confond avec Dieu même, et dont notre gouvernement représentatif est un triple flambeau !

Voilà quel pourrait être le partage du pays; ce qu'il ne possède plus aujourd'hui qu'en apparence; ce qu'il est peut-être à la veille de perdre tout-à-fait! MM. les députés! le poignard que vous enfoncez dans le cœur de la royauté mourante, dans les entrailles de la pairie agonisante, n'en sortira que plus acéré pour se plonger dans le sein même de la France!!!.... Vous succomberez sous le poids de votre isolement et de votre despotisme, comme la fille perdue, qui, méconnaissant les conseils de la raison paternelle, s'abandonne à toutes les inspirations de son orgueil et de sa volonté!!!.... Vous succomberez si vous n'acceptez pas dans tout acte de manifestation sociale, le concours plein, libre, spontané, du Roi et de la Chambre des pairs! Ceci nous ramène à notre idée principale.

Ceux qui ne participeront pas effectivement au grand acte de manifestation législative, ne doivent rien voir d'insultant pour eux dans les motifs qui ont porté le législateur à les écarter indéfiniment du mouvement social; car, ne pouvant pas les connaître personnellement, il est obligé, en prenant pour point de départ le type abstrait de l'homme à la fois bon et mauvais, libre et esclave, clairvoyant et aveugle, de les juger par le fait palpable et permanent de leur position de bien-être social, qui les fait présumer, en général, par l'exiguité de leur intérêt actuel, et la réalité de leur malaise accidentel, plus ou moins indifférens ou malicieux, dépendans et ignorans, sans préjudice des exceptions qui existent réellement, mais que le législateur, borné qu'il est par sa nature d'homme, ne peut pas saisir directement et nommément pour leur conférer l'influence politique.

De là vient, comme nous l'avons déjà dit, la nécessité de retrancher complétement ces influences inférieures pour le bien social, jusqu'à ce qu'elles parviennent légitimement par le travail et les autres qualités morales, au chiffre de bien-être qui attribue virtuellement la charge électorale, sans autre intervention arbitraire que celle inévitable pour en déterminer la hauteur.

Elles seront retranchées surtout, parce qu'étant les membres du corps social suivant un apologue ancien, éclatant de justesse et de vérité, elles doivent agir sous les inspirations du cœur que leur envoie la vie avec plus ou moins d'abondance dans des flots de justice et de liberté. Tandis que si les membres jaloux du cœur en méconnaissent la voix et la direction salutaires, privés de la lumière qui peut seule fructifier leurs travaux, ils n'apportent plus d'aliment au cœur qui, bientôt desséché, cesse de leur distribuer la vie; ils meurent en déchirant convulsivement le cœur au milieu des tortures de la faim.

L'histoire est là, lumineuse et imposante!!!... Elle proclame hautement cette vérité immuable : que la partie du peuple qui remue directement la matière pour l'approprier aux besoins de l'homme, doit toujours agir sous l'influence et sous l'impulsion bienfaisante et légitime de la partie du peuple dont l'intelligence et les vertus ont su conquérir une quantité de matière suffisante, qui, en la mettant par elle-même, indépendamment d'un travail personnel, plus ou moins au dessus des préoccupations matérielles, lui permet de s'occuper activement de la direction de la chose publique avec des degrés différens de bonne foi, d'indépendance et de lumières (1)!

L'histoire est là, radieuse et effrayante!!!..... Elle crie au milieu d'une atmosphère de sang, cette vérité inébranlable : que, toutes les fois que la première partie du peuple déjà caractérisée a méconnu l'influence salutaire de la seconde, l'édifice social s'est écroulé en engloutissant les uns sous ses ruines et laissant les autres en proie à toutes les ignominies du crime et à toutes les angoisses de la misère!!!....

(1) Vico, Science nouvelle.

Voilà ce qu'on lit dans l'histoire. Eh! qui ne connaît pas les suites épouvantables de cette fièvre politique qui, embrasant cette masse d'hommes ignorans, encore ensevelis dans le néant social, tourmentés par le malaise de leur situation matérielle, irrités surtout de leur impuissance à rien constituer que des tyrans éphémères, les pousse au meurtre et à la destruction, en les détournant des voies honorables du travail!!!....

Depuis que le monde existe, tous les gouvernemens libres et réguliers sont venus d'en-haut; jamais d'en-bas, jamais! la raison en est simple; en bas se trouve précisément la région du désordre, de la brutalité et des tenèbres, qui, à toutes les époques, ont nécessité l'organisation sociale. Nos démagogues d'aujourd'hui, comme ceux de tous les temps, se révoltent contre cette vérité éblouissante; ils veulent que le fleuve remonte vers sa source; que la multitude enfante l'ordre et la liberté, tandis qu'elle n'a jamais vomi que des monstres; méprisant les notions les plus élémentaires de l'art, ils entreprennent de bâtir en l'air, sens-dessus-dessous; ils prétendent que les gouvernés soient ceux qui gouvernent; que la main qui réprime ou qui impose, soit celle qui enfreint ou qui menace; enfin, tout ce qu'il y a d'absurde et d'impossible! Oubliant les données les plus claires de la science, ils mettent la volonté à la place du droit, l'humanité à la place de la société (1); méconnaissant les leçons les plus lumineuses de l'expérience, ils tentent d'escalader le ciel comme les géans de la fable; ils succomberont infailliblement! Plaise à Dieu que le châtiment de leur audacieuse témérité ne tombe que sur leur tête!!!...

Consignons ici une réflexion puisée dans la nature abstraite de l'homme et dans la position respective des riches et des pauvres.

Les pauvres sont ceux que la faim et les autres besoins de la vie matérielle tiennent impérieusement sous le joug du travail.

Les riches sont ceux qui sont dans l'abondance des choses nécessaires à l'entretien de la vie, sans être esclaves du travail.

Les pauvres sont beaucoup plus nombreux que les riches. Si donc tout le monde exerçait une influence égale, la plus grande part de puissance matérielle serait du côté des pauvres. Maintenant prenons pour point de départ ce sentiment naturel et énergique qui porte l'humanité vers une condition meilleure, et voyons si les riches n'ont pas plus à redouter que toute l'influence soit entre les mains des pauvres (car la plus grande part dans la pratique effacerait complétement la plus petite), que les pauvres n'ont à re-

(1) La société, c'est le droit, et non la volonté, qui n'est simplement que l'humanité.

douter que l'influence soit toute entre les mains des riches ?

Qu'est-ce que les riches au sein de l'abondance ont à envier aux pauvres ? — leur misère, leurs larmes et leurs fatigues. Ce ne sont pas des choses capables d'exciter une convoitise dangereuse ! Bien loin de là, ce sont au contraire des tableaux qui, attendrissant le cœur de l'homme, le portent à soulager la misère, à sécher les larmes et à diminuer les fatigues. Voilà généralement ce que doivent craindre les pauvres de la part des riches, auxquels il faut bien ne pas contester tout-à-fait leur nature d'homme.

Qu'est-ce que les pauvres ont à envier aux riches ? — leur abondance, leurs fêtes, leurs loisirs. Ce sont des choses très-capables d'exciter les plus dangereuses convoitises, et qui trop souvent portent l'homme à commettre toute espèce de crimes. Or, quelque bienveillance que l'on ait pour les pauvres, il faut bien reconnaître qu'étant hommes comme les autres, ils sont exposés aux tentations, et susceptibles d'y succomber avec plus ou moins de perversité : d'où nous tirons raisonnablement la conséquence qu'ils sont plus dangereux pour les riches que ceux-ci ne le sont pour eux de toute la distance qui existe entre le bien et le mal. Par conséquent si l'on ne peut attribuer le même degré d'influence à chacun sans que la plus grande part soit en possession des pauvres, il vaut mieux la donner tout entière aux riches ; car si l'humanité n'est pas un vain mot, ils seront en général plutôt portés à soulager les pauvres qu'à rendre leur condition plus dure et plus misérable.

Qu'on nous permette de résumer cette réflexion dans un langage trivial mais vrai. Si l'égoïsme effréné de certains riches peut les porter à mordre les pauvres en abusant de la tutelle qu'ils exercent à leur égard, cette atrocité est compensée par la bienfaisance dont ils sont l'objet de la part de certains autres ; tandis que les pauvres, en possession de la puissance matérielle, avalent les riches sans compensation possible.

Voilà notre pensée ; elle nous paraît vraie, appuyée sur l'expérience des siècles, sur la nature abstraite de l'homme, et surtout sur la position respective des riches et des pauvres : les uns, condamnés transitoirement par la marche naturelle des choses, à la misère, aux larmes, aux fatigues, objets de commisération ; les autres, possédant accidentellement, jusqu'à ce qu'ils passent en de nouvelles mains par le travail et les autres qualités morales, l'aisance, les fêtes, les loisirs, objets de convoitise.

Si cette vérité et les autres que nous avons exprimées avec confiance, parce qu'elles nous paraissent incontestables, appelaient des critiques acerbes et haineuses, nous saurions les subir avec résignation; car nous n'avons pas oublié l'exemple de celui qui, pour ramener l'homme dans l'étroit sentier de la vérité, de la justice et de la vertu, cette source triple de la vie, accepta les douleurs d'un supplice ignominieux.

Dans la carrière que nous avons essayé de parcourir, si, en prononçant des noms respectables sous bien des rapports, afin de nous faire mieux comprendre, notre parole a été vive, nous sommes prêt à l'adoucir, en nous inclinant devant les observations modérées de quiconque daignerait nous en présenter; car ce n'est pas du fiel que nous voulons jeter dans les cœurs, mais bien plutôt une semence de ralliement et de vérité qui fructifie!

Si notre parole a été laudative, elle n'a pas dépassé la limite du vrai, où commence la flatterie; la flatterie!... qui corrompt et qui n'instruit pas; qui égare et qui ne sert point.

Quoi qu'il en soit, nous avons défendu le principe de la légitime influence de la propriété territoriale, industrielle ou commerciale, posé et mis en action par la charte de Louis XVIII. La loi de 1831, après avoir reconnu ce principe de prime abord, l'a ensuite altéré et méconnu dans quelques unes de ses autres dispositions, en le mésalliant avec des faits ou le plaçant à côté de faits qu'il repousse.

Aujourd'hui, si nous en croyons certaines

clameurs, on voudrait l'altérer et le méconnaître davantage. Qu'on y prenne garde!... les conventions humaines peuvent bien reconnaître et appliquer des principes, mais elles ne peuvent pas en faire; l'influence de la propriété est le principe social, le seul principe social; vous ne pouvez pas lui enlever ce caractère qu'elle tient de la nature des choses; vous ne pouvez pas surtout la remplacer par une autre : quelle que soit l'autorité apparente de vos décrets, elle se brisera contre celle de la raison méconnue ou altérée. La loi de 1831 a préparé la voie de l'arbitraire; qu'on y marche! au lieu d'arriver au bonheur et à la liberté, résultat certain de l'influence rationnelle de la propriété, vous arriverez à la destruction et au despotisme, produit inévitable de l'influence monstrueuse de la foule et du nombre; et alors, à défaut de votre raison égarée par l'orgueil ou par l'envie, ou étouffée par l'ignorance, l'instinct de la conservation, si la France ne périt pas, ramènera, à travers les vapeurs du sang, au principe qui seul peut soutenir et éterniser l'édifice social!

Pour nous, quoi qu'il arrive, nous combattrons toujours pour la défense de la vérité, de la justice et de la vertu; si nous succombons dans cette tâche difficile et périlleuse, notre défaite sera celle de nos adversaires; car la chute de la vérité, de la justice et de la vertu creusera l'abîme où ils tomberont à leur tour!...

Ton nom est le premier mot de notre ouvrage, qu'il en soit le dernier, être vrai, juste et bon, Dieu ! ! !...

FIN.

COSSON, IMPRIMEUR DE L'ACADÉMIE ROYALE DE MÉDECINE,
Rue Saint-Germain des-Prés, 9.

www.ingramcontent.com/pod-product-compliance
Ingram Content Group UK Ltd.
Pitfield, Milton Keynes, MK11 3LW, UK
UKHW012039240726
13965UKWH00003B/913

9 782012 955349